JN094255

地理学の思考

位置，空間，場所，
移動，自然と社会

高阪宏行 著

古今書院

はじめに

　本書を執筆する動機は，地理学とはどういう学問なのかということを，私なりにまとめたいことから始まった。私は，地理学を学び始めてから半世紀が経っている。この50年間を振り返ると，地理学では，計量地理学，都市・地域モデル，地理情報システム（GIS），人工知能（AI）と，方法論が十年ごとに進展したのである。また，思考法も，実証主義からマルクス主義，人文主義，非表象に至るまでさまざまな思考様式の研究が進められてきた。地理学はまさしく，激動の半世紀を経験してきたのである。

　50年間地理学を学んできた地理学徒が，地理学がどのような学問かわからないと言われても困ると，読者の皆様はおっしゃるかも知れないが，地理学はそれほど変わった学問なのである。変わっている代表的な特徴を二つあげると，一つは，「自然」と「人文」を分けずに取り上げることである。21世紀の学問体系では，まず，自然科学と人文研究に二分するのが常識と思われるが，地理学では，この二分野を統合しようと考える。

　もう一つは，ほかの学問では，取り扱いにくいため捨象されてきた「位置」を，正面から研究対象としている点である。統計学は論理の組み立てにおいて非の打ちどころのない学問だと思われるが，位置を考慮すると，標準的な統計学は利用できず，地理（空間）統計学が発達したのである。近年の情報技術の発展を背景に，地理学は，21世紀に入って，地理情報システムとよばれる科学技術を実用化させた。この科学技術は，「位置」を取り扱える点で，自然科学と人文研究を横断する情報技術のプラットフォームを形成している。本書を読むと，地理学は，社会と自然の関係，社会と空間の関係，を論じる社会科学に近いことが，わかると思う。社会科学の多くの学問の中でも，地理情報技術とよ

ばれる科学技術を実用化させたのは，おそらく地理学が初めてであろう。

21世紀に入って，地理学では，自分が何者であるかを問い直す研究が進んでいる。イギリスは，地理学が盛んな国の一つで，私も40年前に留学経験がある。留学後には，10年ごとにロンドン大学の近くの書店の地理学コーナーに行き，地理学の書物を仕入れて来る。2015年には，「地理学的思考」という書物を4冊買いこんだ（Peet, 1998; Henderson and Waterstone, 2009; Nayak and Jeffrey, 2011; Cresswell, 2013）。また最近，地理学の百科事典が相次いで出版された（Warf, 2010; Richardson, 2017; Kitchin and Thrift, 2019）。3番目の百科事典は，人文地理学の分野だけを対象としているが，総頁数は7,242頁にも及び，人文地理学の知識が網羅されている。

このような地理学の思考の研究が進んだ結果，地理学には五つの基本的研究テーマがあることが知られるようになった。それらは，位置，空間，場所，移動，自然と社会，である。本書では，これら地理学の五つの研究テーマを中心に，さらに，地理学，地域，景観，地誌学を合わせ，九つの章で構成されている。本書を通じて，地理学が，社会をどのように思考するかを理解していただければ，望外の喜びである。

　　　2024年1月

　　　　　　　　　　　　　　　　　　　　　　　　　　　　高阪　宏行

目　次

第1章　地理学

第1節　地理学とは

　地理学とは，どんな学問なのだろうか。そこでまず，地理学の学問としての位置づけを見てみる。地理学は，英語で geography と言う。その言葉の語源はギリシャ語にあり，*geo* すなわち「地球」と，*graphein* すなわち「記録し書き留める」ことから来ている。したがって，地理学は，"地球を記述する学問"として始まった。

　古代ギリシャのエラトステネス（図1-1：紀元前275年〜紀元前194年）は，地理学者として有名で，紀元前3世紀にアレクサンドリア図書館の第三代館長を務めた（樺山，2006，45-54）。彼は，シエネ（現在のエジプトのアスワン）では，夏至の日に陽光が井戸の底まで届くこと，つまり南中高度が 90° となる（北回帰線上に位置する）ことを伝え聞き，アレクサンドリアでは夏至の日の南中高度が 82.8° であることから，この差がシエネとアレクサンドリアの緯度の差に基づくものとして，地球の全周の大きさを初めて 46,250km と計算した。概数ながらも，当時としては驚くほど正確な数値を出したことになる（若林，

図1-1　エラトステネス

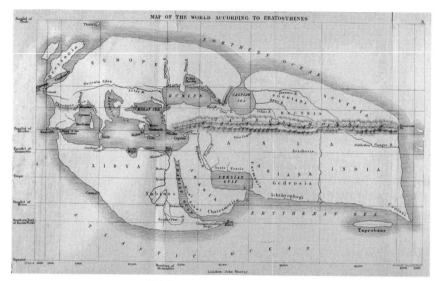

図1-2　エラトステネスの世界地図

2009, 121-125)。

　エラトステネスの世界地図は現存しないが，ギリシャ人地理学者ストラボン（前64〜後21ころ）の『地理誌』によって復元された（図1-2）。それを見ると，紀元前3世紀ごろの地球が，地理学者によりどのように記述されていたかがわかる。世界の陸地は東西に長い形態になっており，ヨーロッパ大陸，アフリカ大陸（リビア），アラビア半島，アジア大陸，インド半島などが描かれている。西端はイギリス島で，また東ではヒマラヤ山脈の存在も知られていた。地中海沿岸地域の記載が詳しく，ギリシャ半島とペロポニソス半島，対岸のナイル川とデルタ，イタリア半島とシチリア島，サルデーニャ島とコルス島，イベリア半島，トルコと黒海・カスピ海が読み取れる。このように古代ギリシャの時代にあっては，地理学は，地図を使って地球を記述したのである。

　地理学は，地球を記述する学問であり，その歴史が長く，古代ギリシャから始まる。古代ギリシャでは，文法学・修辞学・論理学の三学と，算術・幾何学・天文学・音楽の四科を，リベラルアーツとして，市民は学んでいた。ここでの

天文学は，今日の地理学に近い内容で，人びとがもつ実践的学問と見なされていた。地理学は，伝統的な知識体系の中で，純粋な自然科学でもなければ，純粋な社会科学でもないという，非常に困惑させるような立場をとっている。大学でも，地理学科は，理学部にある大学と文学部にある大学が見られる。その理由は，地理学の知的な起源が，科学がこのように分化する以前の古代ギリシャに遡るからである。その時代では，人間は自然を統合する部分として見なされており，地理学は，地球上で見い出される生物と無機物の双方を記述したのである。

　今日の地理学は，どのように定義されているのであろうか。地理学は，古代ギリシャからの伝統を引き継いでいるが，大航海時代を通じ地球上の多くの地域がヨーロッパに紹介され，未知の地域が少なくなったこと，また，地球に関するさまざまな学問が成立したことにより，‘地球を記述する学問’といったおおまかな定義では成り立たなくなってしまった。今日では，地理学は，図1-3 に示すように，「社会と自然の関係」から「地球」を記述するとともに，「社会と空間の関係」から「世界」を記述する学問として，定義されている（Cloke, et al., 2014, xvii）。

　研究対象は，地球であると地球の内部まで広がり，地質学や地球物理学の分野になることから，特に‘人口が居住している空間’としての「地表面」に限定された。地表面とは，地球の表面とその近傍（約 10km までの上空）を意味し，人間が生活することができる居住地や環境を形作っている。したがって，今日の地理学は，研究対象を地表面に限定し，研究視点の重要なポイントとして，「人間の生活の場」として捉えている（Martin and James, 1993）。

　よく私たちは，知らないところに行くと，‘この付近の地理は知らないので’という言葉を口にする。ここで言う「地理」とは，まさしく地表面のことで，この道を行ったらどこに行けるかとか，近いコンビニはどこにあるかということである。地理学者は，地理学

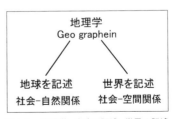

図 1-3　地理学：地球の記述，世界の記述

の重要性を主張するのに，'地理なくしては，あなたの存在は認められない'と言う。あなたが立っている地表面があってこそ，あなたは存在するのである。このような理由から，地理学は，古代ギリシャから重要な学問として位置づけられてきた。

　ついでに言うと，「反地理的空間」（地表面でない場所）とはどこであろうか。それには，テレビとかディズニーランドがあげられる。テレビが映し出している空間に，私たちは立つことができない。また，ディズニーランドは，地表面であるが，非日常的な夢の世界が展開されているので，生活の場と言う意味で地理的空間ではない。

第2節　地理学の対象

　それでは，地理学は，地表面上のすべての事柄を研究対象にすると言ってよいのであろうか。地理学では，地表面に存在する「もの」を，「事象」として捉える。事象は英語で feature と言い，その意味を辞書で調べると，顔の造作や容貌，著しい特徴，見ものなどを示す。したがって，地理学では，地表面の顕著な特徴を「地理的事象」として捉え，それらを研究対象にするのである。

　事象には，事物と現象がある。事物は地表上に存在する目に見えるもので，事と物に分けられる。事は人々が行う活動を，物は有形な物体を示す。たとえば，事は祭りや旅行に相当する。物は，自然であると，各種の地形や，河川・湖・海，植物や動物などである。人文では，建物・道路・鉄道などの建造物，田・畑などの土地利用があげられる。それに対し現象は，地表面上に生起する目に見えないものである。自然では，気候が典型的な例である。地表面上を覆っている空気の温度（気温）で，気候の存在を知ることができる。人文では，人口，経済，文化，言語，宗教などがそれに相当する。経済，たとえば，地価は目に見えないが，地表面の至る所にその値が付けられている。

　以上から，地表面上には，自然と人文に関わる可視的な事物が存在し，不可視的な現象が生起している。地理学では，これらを地理的事象として捉える。

地表面で気温が低いところを寒帯とし，農家が道路に沿って分布している村落を路村とするのも，地表面上の地理的事象を捉えているのである。

　地理学が研究対象とする地理的事象は，「地理用語」で表現される。陸域を指す地理用語には大陸，半島，島などがある。水域を示す地理用語には海，湖，河川など，地形を表す地理用語には山地，丘陵，山脈，平野，盆地，段丘など，さらに土地被覆に関する地理用語は森林，草地，湿地，潟などがある。地理用語とは，このように地表面を特徴づける自然的事象を指す言葉で構成されている。そのほかに，海岸，砂漠，火山，密林，原野，尾根，峠，渓谷，温泉，滝，断層など多数存在する。

　私たちは，日常生活において，これらの地理用語を，新聞や雑誌，インターネットで頻繁に見たり，テレビやラジオで聞いたり，会話で使っている。そして，これらの地理用語が何を意味しているかを知っている。たとえば，尾根とは，山地の線状の連続した突起部を指す地形を表す。峠とは，道路が尾根の低い鞍部を越える地点を指す用語である。用語の定義を文章にすると，このように難しくなるが，尾根と言えば，私たちは図 1-4a のような地形をイメージし，峠と言えば，図 1-4b のような場所をイメージする。私たちが地理用語からこのような地形や場所をイメージできることは，地理用語から地理的事象を理解しているということなのである。

図 1-4a　尾根

図 1-4b　峠

　あまり知られていないが，人文的事象を指す言葉も地理用語にある。これらには，国，地方，都市，町などの地域を指す地理用語や，道路，鉄道，駅，飛行場，港湾などの交通を示す地理用語，田，畑，果樹園，茶畑，竹林などの土地利用に関する地理用語，市役所，裁判所，警察署，消防署，小・中学校などの公共施設を示す地理用語などがあげられる。このような人文的地理用語は，その多くが普通名詞になっており，広く一般に使われているので，地理用語であることをいちいち正す必要はない。しかし，これらの人文的事象は，自然的事象とともに地表面を特徴づけていることから，地理用語に含まれる。

　地理用語に関連して，私たちが日常生活で，より多く見聞きし，より多く使用するのは，地理用語で表現される事象に付けられた固有の「地理名称（ネーム）」，すなわち，「地名」である。山地であると，富士山とか浅間山などで，具体的な山地名になる。鉄道であると，山手線，中央線などの鉄道路線名，駅であると，新宿駅や渋谷駅などの駅名になる（図1-5）。‘今日，新宿駅でお会いして，食事をしましょう’という日常会話では，新宿駅という地理名称について，それが何を意味し，どこにあり，どうやって行くかがわからなければ，会話は成立しない。

　したがって，地理用語に関連した地理名称について，日常生活に必要な最低限の「地理的知識（ノリッジ）」をもっている必要がある。読者の皆様には，小学校の社会

図1-5　新宿駅

科で，都道府県名を覚えさせられた記憶があると思う。これは，県という人文的地理用語の地理名称を覚えさせられたわけである。地理が暗記の学問であるというのは，ここに根源がある。しかし，これを覚えないと，新宿駅の例からもわかるように，日常生活に支障をきたすことが起こるかもしれない。

　このように，地理学では，地表面を特徴づけるさまざまな地理的事象を研究対象に取り上げ，地理用語としてまとめるとともに，固有の地理名称を与えて個別化して，地表面を記述してきた。このことから，最も基本的な地理的知識とは，地表面を特徴づける地理的事象とその地理名称を知っていることなのである。前記のギリシャ人地理学者ストラボンの『地理誌』による紀元前 3 世紀ごろの地理的知識は，世界の陸地が東西に長い形態になっており，ヨーロッパ大陸，アフリカ大陸（リビア），アラビア半島，アジア大陸，インド半島などを含み，西端はイギリス島で，また東ではヒマラヤ山脈の存在も知られているような水準にあったのである。

第 3 節　地理学の学問分野

　地理学は，地表面上に生起するさまざまな事象を研究対象として，それらを記述する学問であることがわかったであろう。次に，地理学を構成する学問分野をまとめてみよう。図 1-6 は，地理学が対象とする地表面のおもな構成要素を示している。自然は，地形，気候，水文（河川・湖・海），生物を対象とし，人文は経済（農業・工業・商業，交通），社会（都市・村落），文化，言語，宗教，疾病などを対象とする。このような地表面の構成要素に対応して，地理学は固有の「系 統 地理学」を成立させてきた。それらは，「自然地理学」

図 I-6　地理学の学問分野

と「人文地理学」としてまとめられるとともに，自然地理学は，地形学，気候学，水文学，生物地理学で構成され，人文地理学は，経済地理学（農業地理学，工業地理学，商業地理学など），社会地理学（都市地理学など），文化地理学，疾病地理学などから成る。また，一定範囲の地表面に対しすべての構成要素を総合的に研究する「地誌学」も発展した（高阪，2008）。

　ここで注目されるのは，このような系統地理学と，地理学から見るとその周囲に位置する隣接諸学問との関係である（図1-6を参照）。ドイツの博物学者アレクサンダー・フォン・フンボルトは，近代地理学の祖としても有名である。19世紀には，博物学から近代諸科学が生まれていったように，地理学も「学問の母」としての役割を果たしていた。地理学がこのように多くの隣接諸学問と関連をもっているのは，その名残である。しかしその後，多くの学問が独立して固有の学問的基盤を確立していったのに対して，後に残された系統地理学は抜け殻となり，関連分野の学問とも疎遠になり，地理学の学問的地位は低下してしまった。

　地理学をこうした事象からではなく方法論から分けると，「個別記載地理学」（イデオグラフィック）と「一般理論地理学」（ノモセティック）に二分できる。個別記載地理学は地域や場所の固有な特徴（ユニーク）を記述するのに対し，一般理論地理学は，その特徴が生まれる「過程」（プロセス）を究明する。系統地理学は，上記のように系統的学問と関係が深いことから，おもに一般理論地理学の方法論をとる。たとえば，地形学では，'起伏が大きい山地が海面下に沈降して，リアス式海岸は形成される'という，リアス式海岸の形成過程が示される。気候学では，'熱帯とは，最寒月が18℃以上の気候'となり，気候の区分過程が示される。経済地理学では，'市場（都市）に近い地点では，高い地代支払い能力をもつ農業が経営されることから，園芸農業は畑作よりも都市の近くに立地する'という農業立地論（立地過程）から農業の分布（現実）を説明する。このように系統地理学では，取り扱う事象は異なるが，地表面上での実際の分布を説明するため，形成過程を探究する。

　アメリカの地理学者リチャード・ハーツホーンは，地誌学を地理学の核心に位置付け，系統地理学で成立した一般理論を援用して地域の事象を記述する

研究として，地誌学を地理学の核心に位置付けた（Hartshorne, 1959, p.13）。彼は，地域がいかに固有なものであり，他の地域から異なるかを示すことで，地誌学は「地域的差異（エリアルデファレンシエーション）」を記述することであるとした。地域は，「固有性（ユニークネス）」，すなわち，それしかない独特なもので，さらに「特殊性（パティキュラリティ）」，すなわち他から区別される特殊なものなので，固有性と特殊性をもつ地域を地域的差異として捉え，地誌学では記述しようとした。このことから，彼の地誌学では，すべての地域は独特なものであるとし，地理学の一般法則といった一般化（ジェネラリゼーション）を追求することはせずに，個別記載的な学問としたのである。なお，地誌学については，章を改め，第9章で論じる。

第2章　位　置

第1節　位　置

数学の位置と地理学の位置

　地理学での第一のテーマとして，「位置」があげられる。地理学での位置とは，どのようなものなのだろうか。中学校や高等学校の数学では，座標，空間，位置，距離といった地理学にとっても重要な概念を取り上げているので，まずそこから学習してみよう。二次元ユークリッド空間内に，互いに直交する（直角で交わる）座標軸をもつ直交座標系を導入する。これは，「デカルト座標系」（カルテジアン座標系）ともよばれてきた。XとYの二つの直交座標軸を指定した場合，平面の二次元空間が定まる。この二次元平面空間内で，点Aの「位置」は，XとYの二つの直交座標の座標値（3，4）で表わされる（図2-1）。

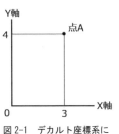

図2-1　デカルト座標系による点の位置

　数学では，「点」の位置を示すのに，デカルト座標系が必要であった。地理学では「地点」の位置を示すのに，どのような座標系があるのだろうか。地理学の対象である地表面（地球）の形状は，梨のような楕円体の形をしている。この楕円体を地図（平面）に描くには，「測地系」と「地図投影座標系」が必要である。測地系は，地球の形状を表すモデルであるのに対し，

図 2-2　緯経度による地点の位置

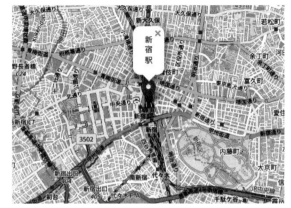

図 2-3　新宿駅の位置
背景地図は Open Street Map を使用。

地図投影座標系は，三次元の楕円体を，二次元の平面に投影するモデルである。球体を平面に投影するのであるから，当然ゆがみは生まれる。

　日本では現在，日本測地系 2000（JGD2000）や日本測地系 2011 などの測地系が使用されている。これらの測地系で表される地球に，本初子午線（ロンドンの旧グリニッジ天文台を通る経線）による地球断面と赤道による地球断面の交点を原点とする「極座標系」を組み込むと，「経緯度座標系」が構成される（図 2-2）。地点の位置の「経度」は本初子午線の断面からの角度で，「緯度」は赤道の断面からの角度で測定される。たとえば，新宿駅の位置は，経緯度座標系で測定すると，その地点の経度（東経）と緯度（北緯）で，{139.700258, 35.690921} で示される。図 2-3 は，Open Street Map の背景地図上に，この経緯度を使用して，新宿駅の位置を表示している。

測位技術

　地理学は，古代ギリシャからの学問なので，古色蒼然とした学問と捉えられているが，実際は，21 世紀の先端科学技術の一角を担っている。地理学の三種類の技術として，GIS，GPS，RS がある。GIS は「地理情報システム」で，地理学のさまざまな空間処理・分析を自動化するために作成された。GPS は

図2-4　GPS受信機としての携帯電話

「地球測位システム」で，GPS衛星を使って地表面の「位置」を測定する。これは，測位技術とよばれる。RSは「リモートセンシング」で，RS衛星によって地表面の画像を撮影している。今日では，地理学者は，これらを「三種の神器」として崇め，時々刻々変化する地表面を記述しているのである。

　これら三種類の技術は，まとめて「地理情報技術」とよばれ，その技術に関わる科学は「地理情報科学」とよばれ，産官学で研究と応用が推進されている。皆さんがお使いの携帯電話も，GPS受信機として「位置」に関わる情報を受信し（図2-4），携帯電話ネットワーク（図6-5dを参照）や無線LAN（Wi-Fi）の情報と組み合わせて，現在所在している地点の「位置」を特定している。今日，地理情報技術は，社会の情報基盤を支える技術として，広く役立っていることがおわかりだと思う。

空間参照と絶対位置

　地理学では，「位置」は，事象が所在する「地点」を地表面上に落とす手段である。地表面上に落とす方法は，経緯度のほかに，住所，地名，地域，メッシュなどさまざまがあり，「空間参照」とよばれている。上記のように経緯度で特定された地点の位置は，地球の中心を定点とする経緯度座標を参照して測定されたもので（図2-2を参照），新宿駅の位置は，{ 経度，緯度 } ＝ {139.700258, 35.690921} であった。

　空間参照として住所を使用する場合，住居表示整備地域では，都道府県，市区町村，町丁目，番，号の五つの階層で，住所は構成されている。たとえば，東京都世田谷区桜上水3丁目25番40号である。まず，日本を構成する都道府県の中から，「東京都」が選ばれる（図2-5a）。次に，東京都を構成する市区町村の中から，「世田谷」が選ばれ（図2-5b），世田谷区を構成する町丁目の中から，「桜上水3丁目」が選ばれる（図2-5c）。さらに，桜上水3丁目を構成する番（街区：ブロック）の中から，「25番」が選ばれる（図2-5d）。こ

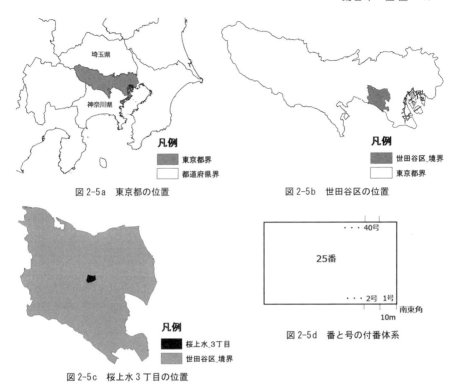

図 2-5a　東京都の位置

図 2-5b　世田谷区の位置

凡例

東京都界
都道府県界

凡例

世田谷区_境界
東京都界

凡例

桜上水_3丁目
世田谷区_境界

図 2-5c　桜上水 3 丁目の位置

図 2-5d　番と号の付番体系

のように住所の階層構成を下へ下へと降りていく。最後に，たとえば，街区の南東の角を起点として，右回りに 10m ごとに起番していき，40 番目の位置が，その住所の地点になる（図 2-5d）。日本の住所は，特に住居表示未整備地域では，住所の配列が複雑で一貫性がないので，欧米の人びとから見ると，日本人はどうして目的地にたどり着けるのか不思議なようである。これは，東洋のミステリーとして知られている。

　このように空間参照に則って落とされた地点の位置は，世界でただ一つしかないという意味で，「絶対位置」とよばれる。経緯度や住所に比べると精度は落ちるが，地名，地域，メッシュなども，絶対位置を示す空間参照になる。

　それでは，地点の絶対位置，特に，経緯度を知るにはどうしたらよいであろうか。最も簡単な方法は，Google マップ上で，その地点を右クリックする

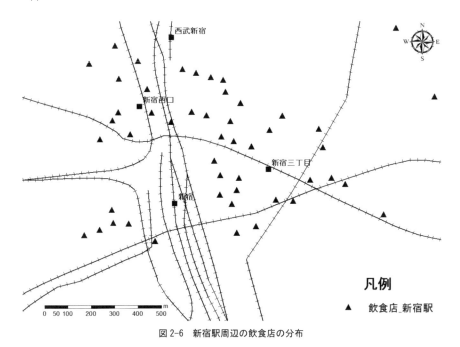

図2-6　新宿駅周辺の飲食店の分布

と，経緯度が表示される。それをコピー＆ペーストすればよいのである。な
お，Google マップは，WGS84 という測地系を利用して経緯度を測定している。
WGS84 は，日本で利用されている JGD2000 や JGD2011 の測地系と比較して，
経緯度の差はほとんど出ないので，同じと見なされている。

　住所を経緯度に変換するには，地理情報技術の一つである「住所照合システ
ム」を利用する。たとえば，店舗の経緯度を知りたいが，その住所しかわから
ない場合である。店舗名と住所を記録した Excel ファイルをこのシステムに
送信すると，経緯度が追加されたファイルが返送されてくる。このようにし
て得られた店舗の経緯度の入った Excel ファイルを GIS に読み込ませること
で，店舗の位置を黒の三角形で表示した地図が作成される。図 2-6 は，新宿駅
周辺の飲食店の分布を表している。この地図は JGD2000 の経緯度座標系なの
で，UTM（ユニバーサル横メルカトル）座標系に変換すれば，地図上で店舗
間や店舗と駅間の距離をメートル単位で測ることができる。

相対位置

　それに対し，「相対位置」（レラティブ）とは，絶対位置のように定まった参照に基づかないで，定められた位置である。ある地点の相対位置とは，他の（第二の）地点との関係から定められた位置である。たとえば，'新宿駅は，渋谷駅の北 3.9km に位置する'では，新宿駅は，渋谷駅との相対位置で示されている。相対位置を特定する測度には，幾何（ユークリッド幾何）と位相（トポロジー）がある。幾何では，単位はメートルといった数値で，3.9km という位置の特定は，幾何によるものである。位相では，位置を「連結関係」や「隣接関係」から捉える。位相の連結関係により相対位置を特定するならば，山手線で'新宿駅は，渋谷駅から三つ目'となる。隣接関係の事例としては，'東京都は，埼玉県の南側に位置し，神奈川県の北側に位置する'（前掲の図 2-5a を参照）があげられる。

第 2 節　距　離

　地理学では，事象が生起している地点の位置を，経緯度をはじめとするさまざまな空間参照を用いて，定めていることが明らかになった。位置は，地理学以外の学問では，ほとんどと言ってよいほど取り上げられてこなかった。地理学は，位置に注目することで，二つの事象を分析できる環境がもたらされた。一つは「距離」であり，もう一つは「移動」である。いずれも，取り扱いが難しい事象で，ほかの学問ではほとんど考察していない。移動は，地理学の五つの研究テーマの一つなので，章を改めて議論する。

　距離を測定するときの最も共通のフレームワークは，幾何学的な構造を定義する「ユークリッド空間」である。二次元ユークリッド空間に，X 軸と Y 軸が直交する「デカルト座標系」を導入すると，図 2-7 に示すように，二次元のユークリッド空間内の点 A と点 B 間の「距離」を示すことができる。この距離は，ピタゴラスの定理（三平方の定理）で測定ができる。これは「ユークリッド距離」（ディスタンス）とよばれ，最も基本的な数学的距離である。二次元ユークリッド空間では，対称性（二点間の距離はいずれの点から出発しても同一である）や三角

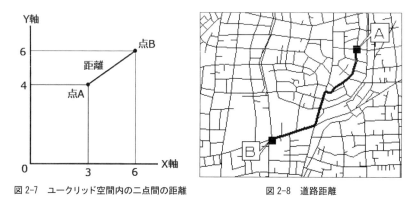

図 2-7　ユークリッド空間内の二点間の距離　　　　図 2-8　道路距離

不等式（三角形で三頂点間の距離は二頂点間の距離に等しくない）の条件が満たされる。

　地図投影座標系の中で，UTM（ユニバーサル横メルカトル）座標系は，同一ゾーン（帯）内で，メートル単位の二次元ユークリッド空間座標系を構成する。したがって，この投影法で作成された地図では，ピタゴラスの定理を用いることで，二地点間の「直線距離」が測定できる。地理学では，「直線距離」は最も基本的な距離測定を提供し，「地理距離」ともよばれている。人の「移動」において，直線距離が成立するのは，交通条件がまったく均一な「均一空間」の中である。そこでは，広い平原を歩いているように，どの方向にも同じ条件で移動できるので，二地点間の距離測定は，直線距離になる。

　しかし，均一空間は仮想的なものであり，実際には人は，道路を移動することになる。道路上での地点間の移動距離は，「道路距離」とよばれる。地点 A と B 間の移動は，図 2-8 に示すように，道路（一般には，通路）を使うので，その区間の道路線分の長さ（道路長）を足し上げることで，道路距離は測定される。なお，図 2-8 では，地点 A と B を結ぶ経路は，GIS で計算した「最短経路」を示している。したがって，道路距離も最短経路に対するもので，違った道路を使えば，道路距離は変わる。

　私は，体力維持のため，2 日に 1 度ほど散歩に出かけるよう努めている。人が歩行するときは，今日は何 km（何歩）歩いたと，確かに道路距離で測る。

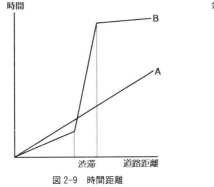

図 2-9　時間距離

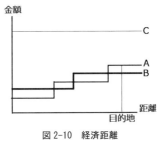

図 2-10　経済距離

しかし，車の場合は違う。車で移動する場合は，物理的な交通条件（狭隘道路のため進入できない）や交通規制（一方通行，右左折禁止等）などが移動や速度を制限するため，移動時間が重要になる。移動時間は，道路距離を車の速度で除すことで算出される。この移動時間を，地理学では，「時間距離」とよぶ。図 2-9 は，道路距離と時間（時間距離）との関係を表している。Aの走行では，一定の速度で移動することができた。それに対し，Bの走行では，途中で渋滞があった。渋滞の前後では，速い速度で移動できたが，Aの走行に比べ 1.5 倍の時間がかかってしまった。カーナビゲーションは，最短「時間距離」の経路を探索する問題に取り組んでおり，その答えを地図上に表示して，運連者を助けているのである。

　渋滞の多い都市地域では，車の時間距離は，ユークリッド距離で見られた「対称性」や「三角不等式の条件」を攪乱させる。たとえば，渋滞のために上り方向の移動には時間がかかり，下りはスイスイ移動できることから，移動方向で非対称性が見られる。また，迂回した方が早く到着することも起こり，三角不等式の条件も成立しなくなる。

　しかし，時間距離だけで人びとの移動は決まらない。時間に余裕があるときは，私鉄とJR，地下鉄とバスでどちらが安いかも検討する。これは「経済距離」とよばれ，乗車料金で定まる。図 2-10 は，横軸に距離，縦軸に金額をとり，交通手段AとBの料金の変動を示している。料金が階段状になっているのは，

図 2-11　距離のない
仮想空間

一定区間料金が変動しないことを表している。交通手段 A
は，はじめは安いが，目的地に行くには交通手段 B が安
くなるので，B を利用することになる。

　ここで皆さんに質問を出す。どこまで行っても料金が同
じという C は（図 2-10），何でしょうか？　日本の果てま
で行っても，同じ料金なのである。答えは，郵便である。
東京に住んでいる人が，「はがき」を都内に出しても，沖
縄に出しても料金は 63 円（2023 年 10 月現在）である。

　しかし郵便は，「距離の概念」がまだ生きている交通（正
確には，コミュニケーション）手段である。国内では料金は一定であるが，海
外になると料金が異なるので，距離が料金を規定するという点で，距離の概念
は意味をもっている。電話も，それに近い存在である。メールになると，世界
のどこに出しても料金はかからないので，「距離の概念」は無意味になる。イ
ンターネットの仮想空間は，距離のない世界なのである（図 2-11）。

第3節　地理空間データ

　学問では，一般に，観察（あるいは，観測）できる最小の単位について研
究する。たとえば，鹿とか，人，世帯，店舗などで，1 匹，1 人，1 戸，1 店
が単位である。このような観察単位は，「観察個体」とよばれる。観察個体は，
さまざまな「属性」をもっている。鹿であると体重，人では年齢，世帯である
と構成人員，店舗では床面積が属性である。通常取り扱われているデータとは，
これらの属性に関する数値である。鹿であると 200kg，人では 10 歳，世帯で
あると 4 人，店舗では 300 ㎡がデータである。これは，観察個体ごとのデー
タであることから，「個体データ」と言う。また，観察個体の属性に関するこ
とから，「属性データ」ともよばれる。

　通常の学問では，この属性データを用いて研究が進められる。医学では，
10 歳の若年層と，70 歳の高齢者では，疾病の罹患率が異なるのかとか，社会

学では，構成人員 4 人世帯と単身世帯とでは，地域社会への係わりの程度に差が出るとかを研究する。

　それに対し地理学は，これらの学問とは異なり，観察個体（事象）の属性のほかに，第 1 節で論じた「位置」を付与する点に特徴がある。これは「地理空間データ」^{ジオ・スペーシャル}（空間データ，地理情報）とよばれ，基本要素として (x, z) の組によって定義される（Goodchild, 2003）。x は時空間内の位置を示し，z はその位置と関連した一組の属性を表わす。時間を捨象すると，x は地表面上に限定される空間内の「位置」になる。地理学のデータの第一の特徴は，観察個体の「属性データ」のほかに，その「位置データ」が付与されることである。

　観察個体として，コンビニエンスストア（略して CVS）を取り上げ，その地理空間データがどのような形になるかを見てみよう。CVS の属性としては床面積 X を，位置としてその住所 Y を取り上げると，地理空間データは，{X, Y} で表される。たとえば，A 店舗の地理空間データは，{150 ㎡，東京都世田谷区桜上水 6-1-1} のようになる。位置としては，住所だけでなく，経緯度，地区名なども使用できる。私は，大学の地理学科で，商業地理学という分野の研究に携わり，店舗の立地を分析してきた。大学の商学部商業学科で教えられている商業学でも，店舗の研究は行われている。商業学と商業地理学の違いは，商業学の分析対象が主に店舗の属性 {X} にあるのに対し，商業地理学では分析対象として店舗の属性と位置 {X, Y} に注目していることである。商業地理学の方が，店舗間の競合の実態をより的確に表現できるようになる。これが，「商業と空間の関係」から商業の世界を記述することにつながる（図 1-3 参照）。

　このことは，商業学に限ったことではない。地表面を研究対象とする生物学，疾病学，農学，経済学，経営学，社会学などの隣接諸学問（第 1 章第 3 節）においても同じであり，位置を積極的に取り上げてこなかったのである。このことは，今までの多くの学問が，「観察個体」のもつ空間内での「位置」という属性を捨象して，研究してきたことを表す。捨象してきたのには，理由がある。それは，位置を考慮すると，データに新たな次元が加わり，分析を難しくするからである。

しかしながら，属性と位置のデータをセットで処理・分析・表示できる地理情報システム（GIS）の出現と技術進歩によって，状況は大きく進展した。「地理空間データ」を用意することで，地表面に生起する事象を GIS 上に表現することができるようになったのである。地理学以外に，地表面を研究対象とする隣接諸学問分野でも，「地理空間データ」は，基本的なデータ形式として認識されるようになった。近年では，初等中等教育においても，GIS が授業に活用されている（地理情報システム学会教育委員会編，2021）。GIS を教育と研究の情報基盤の共通ツールとして利用することで，隣接諸学問分野は，地表面上に生起するそれぞれの分野の事象を，コンピュータ上で再現することができるのである。したがって，隣接諸学問分野は，近年では「学問の母」に里帰りしてきたのである。

学問の分野のほかに，行政の分野でも，都市計画，土地利用計画，交通計画などの計画分野や，道路・水道・電気・ガスなどの施設管理分野で，地理空間データの重要性が指摘され，蓄積されるようになっている。さらに，ビジネスの分野でも，エリアマーケティング，営業支援，立地評価などで，顧客と店舗の地理空間データの有益性が注目されている。

それでは，「地理空間データ」を利用することで，どのような効用があるのであろうか。表 2-1 は，東京 23 区における納税義務者 1 人当たりの区民税額を示している。これは，区の属性データで，地方自治体が公表する統計と同じように，区コードの番号順に並べてある。属性データだけを扱う学問では，この表を Excel ファイルと

表 2-1　東京 23 区の 1 人当たり区民税

区コード	特別区	区民税：万円／人
13101	千代田区	43.8
13102	中央区	28.5
13103	港区	51.3
13104	新宿区	23.3
13105	文京区	26.4
13106	台東区	16.8
13107	墨田区	14.9
13108	江東区	16.9
13109	品川区	19.3
13110	目黒区	26.7
13111	大田区	16.9
13112	世田谷区	24.0
13113	渋谷区	34.8
13114	中野区	17.8
13115	杉並区	19.9
13116	豊島区	18.4
13117	北区	14.7
13118	荒川区	14.0
13119	板橋区	14.7
13120	練馬区	16.5
13121	足立区	12.7
13122	葛飾区	13.7
13123	江戸川区	14.2

出典：マンションくらし研究所（2021）

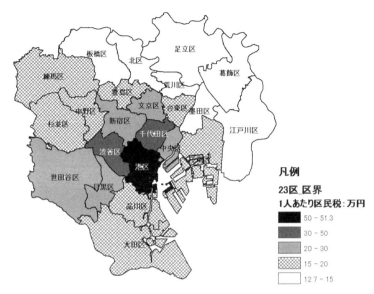

図2-12　東京23区の区民税の分布

して保存し，分析してきたのである。港区が1番高いとか，渋谷区が2番目に高いとか，足立区が最低であるとか，港区は4倍高いとかである。

　表2-1は，属性データのほかに，位置データも記録している。それは，区名（あるいは，区コード番号）であり，したがって，表2-1は，いわゆる「地理空間データ」になっている。そこでGISを使って，区のコード番号をキーとして，このExcelファイルを東京23区の「境界ファイル」に結合してみた。図2-12は，区民税に基づき作成した「階級区分図」である。この階級区分図からは，Excelファイルでは読むことのできない，新たな事実が明らかになる。たとえば，一番高い港区と二番目に高い渋谷区は，隣に接している（隣接性がある）ことである。これは，Excelの表ではわからない。さらに重要な点は，全体的な「分布」として，東京23区の南西部に位置する区が高く，北東の区が低い傾向があることが読図できることである。「南西」高 vs「北東」低なのである。

　このようにGISは，Excelでは得られない事実を明らかにする。税金が経済水準を表す指標になるならば，GISと地理空間データを使って，東京23区

の「経済水準の地理」を描くことができるのである。地理学は，第1章第1節で，「社会と空間の関係」から「世界」を記述する学問であることを示したが，この事例はまさしく，社会（経済）と空間の関係から，東京23区の経済の世界を記述しているのである。

第4節　空間分析

距離逓減関数

　アメリカの地理学者ワルド・トブラーは，事象間の関係が「距離」で規定されていることに注目し，地理学の法則を提示した。トブラーの「地理学の法則」では，"すべての事象は関係をもっている。しかし，近くの事象は遠くの事象よりも，より関係をもっている"という一般性を表す（高阪，2008，p.108）。

　いま，ある地域に立地する店舗Aへの買物を分析してみよう。地域は n 個の地区より成り，店舗Aと各地区の中心点の経緯度もわかっているとする。すると，この地理空間データから，n 個の地区の中心点から店舗Aへの距離 $\{X_1, X_2, \cdots, X_n\}$ を算出することができる。また，商圏調査を行うことによって，n 個の地区ごとに，その人口が店舗Aを利用する割合（%）$\{Y_1, Y_2, \cdots, Y_n\}$ も明らかになる。図2-13では，横軸に地区から店舗への距離（km）Xを，縦

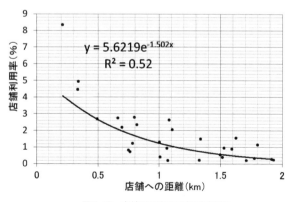

$$y = 5.6219e^{-1.502x}$$
$$R^2 = 0.52$$

図2-13　店舗利用率の距離逓減関数

軸に地区人口の利用率（％）Y をとり，各地区をプロットした。明らかに，店舗に近い地区は，遠い地区より，高い割合で利用することがわかる。したがって，'利用率は，距離の増加とともに逓減する'のであり，店舗の利用は，まさしく，トブラーの地理学の法則に従っているのである。このように，事象 Y の発生が距離 X の影響を受けるとき，Y は「空間的従属性」をもっていると言う。

　地理学では，距離の増加とともに，事象の発生率が逓減するのは，距離が事象の発生を阻害している，すなわち，'事象に対し「距離抵抗」が働いている'と考える。距離の増加とともに逓減する関数は，「距離逓減」関数とよばれ，図 2-13 に示されるように，「負の指数関数」が適合される。決定係数 R^2 が 0.52 であるということは，距離で利用率の変動の半分以上を説明することを表している。

　このように地理学では，地区人口と店舗という二つの事象の関係を，'事象間の距離で説明する'分析を行ってきた。この分析は，「空間分析」とよばれている。空間分析とは，"分析対象の「位置」が変わったとき，その結果も変わる一組の分析方法"と定義されている（Longley *et al.*, 2001, p.278）。この定義に則ると，'事象間の距離を説明変数とする'分析は，位置（距離）が変わったとき，結果（利用率）も変わるので，空間分析に相当する。地理学でもち込まれた「位置」と「距離」は，このように，空間分析とよばれる特異な視点をもった分析を生み出した。

地理加重回帰

　伝統的に，空間分析のモデルや方法は，「大域的」水準で利用されてきた。すなわち，分析結果がもたらした一組の関係は，研究地域の全体に等しく適用されることを仮定している。すなわち，「大域的分析」で行われていることは，あまり認めたくないことであるが，データからの一組の"平均的な"結果の導出なのである。もし，研究地域を横断して変動する関係を分析しようとするならば，「大域的な結果」は，研究地域の特定の部分にのみ限定されて適

用されるだけである。大域的分析では，分析されている関係に実質的な空間（スペーシャル）変動（バリエーション）が存在するかについて，私たちに何の情報ももたらさない。この状況は，2023 年 10 月 1 日の日本の気温が 21℃であるという情報と同じである。これは日本全体の"大域的"統計量であり，沖縄が 27℃で札幌が 18℃のような研究地域の特定の部分については，何も語っていない。

　最近の地理学は，「局所的」（ローカル）水準で，空間分析のモデルや方法を活発に研究している。「局所的分析」や「局所的モデル」には，空間を横断する差異（ディファレンス）の存在を検定すること含む。これらの研究では，「大域的統計量」を「局所的な成分」に切り分けるのである。「大域的な規則性」を探すよりも，「局所的な例外」に注目する。言い換えると，大域的な，"地図全体の"規則性よりも，局所的な，"地図描写可能な"統計量を導出することである（Fotheringham *et al*., 2000, 93-94）。

　局所的分析の事例として，地理加重回帰を取り上げてみよう（高阪 2005, 186-188）。すでに皆さんの中には，標準的な統計学での回帰分析を知っている方も多いと思う。標準的な回帰分析では，従属変数 Y を，一組の独立変数 X_1, X_2, …, X_i, …, X_n で説明することを目指す。たとえば，Y はある地区の平均住宅価格，X_1 は住宅の平均築年数，X_2 は人口数，X_3 は平均世帯人員とする。研究地域には，100 個のデータ地点がある。標準的な回帰分析では，研究地域全体の，すなわち，100 個の地点データを使って一組の「大域的回帰係数」を推定する。

　それに対し，地理加重回帰では，地点ごとに，その周辺にある地点データ（すなわち，局所的データ）を使って（図 2-14），一組の「局所的パラメータ」を推定する。局所的データの取る範囲は，データ地点の密度により異なる。密度が高い地点では狭い範囲で，低い地点では広い範囲からデータを取る。また，トブラーの地理学の法則に従って，

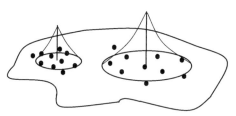

図 2-14　地理加重回帰における地点ごとの局所的データ

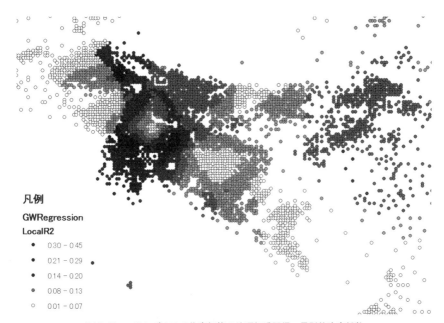

凡例
GWRegression
LocalR2
- ● 　0.30 - 0.45
- ● 　0.21 - 0.29
- ● 　0.14 - 0.20
- ● 　0.08 - 0.13
- ○ 　0.01 - 0.07

図2-15　ロサンゼルスの住宅価格の地理加重回帰：局所的決定係数

近い地点は大きな影響をもち，遠い地点は小さな影響しか与えないので，加重値は，円錐状の（図2-13の縦軸を中心に一回転させたような）距離逓減関数を取る（図2-14）。

　図2-15は，ロサンゼルスの住宅価格を，築年数，人口数，世帯人員の三変数で説明する地理加重回帰の分析結果で，地点ごとの局所的決定係数の分布を表している。ロサンゼルスの中心部のように，局所的決定係数が0.3以上と高い値（黒丸）を取る地区があるのに対し，局所的決定係数は0.13以下と低い値（白丸）を取る地区も見られる。本図が意味することは，三変数の回帰式で住宅価格がある程度説明できる地域と，まったく説明できない地域があることを示す。

　この事例から明らかなように，地理加重回帰は，私たちが統計学で学んだ標準的な回帰分析を，局所的変動も捉えられるように拡張した分析方法なのである。

第3章　空　間

　私たちは，空間をどのように捉えているのであろうか。砂浜で広大な海と空を見たとき，あるいは，高いビルから眼下に広がる街並みを見たとき，私たちは，空間の存在を強く意識する。このような直接経験によって生まれる空間が「経験的空間」であるのに対し，高校の幾何学では，xとyの直交座標系で表現される「抽象的空間」があることも，私たちは知っている。この二つの空間を両極として，さまざまな形式の空間概念がある。空間は，地理学の基本的テーマとして研究されてきた。空間はそこにあるのだが，それについて何も語ろうとしない。しかし，'空間がないならば，私たちはここに居られない'のである。人文地理学は，長い間，空間の絶対的，相対的，関係的概念を使用してきた。本章では，地理学の第二の研究テーマとして，空間とは何で，どのように研究するかについて見てみよう。

第1節　絶対空間

絶対空間とは

　「絶対空間」は，無限・絶対・一様な空間と定義できる。無限とは，座標軸をどこまでも伸ばすことができ，無限の空間の形成につながる。絶対とは，原点を定めれば，ただ一つだけの（絶対的な）空間が形成されることを示す。一様とは，空間内のどこでも同じである（たとえば，ゆがんでいないとか）と

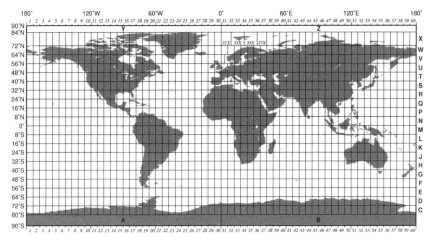

図 3-1　ユニバーサル横メルカトルのグリッド系

出典：https://apollomapping.com/blog/g-faq-utm-zone-number-important/utm_zones（2022 年 11 月 7 日最終閲覧）

いうことである。このことから，絶対空間は，その中で事象や過程が発生する，計測やモデル化が可能な抽象的な容器（コンテナー）として捉えることができる（Forer, 1978）。

　絶対空間の代表的な事例は，幾何学の直交座標系（デカルト座標系，カルテジアン座標系）で構成される「カルテジアン空間」である。第 2 章第 2 節（図 2-7）で示したように，X と Y の二つの直交座標軸を指定した場合，平面である二次元の幾何学的な絶対空間が定まる。

　絶対空間は，地理学の中で大きな役割を果たしてきた。地球を，地図投影座標系の一つであるユニバーサル横メルカトル（UTM）で描くと，図 3-1 のようになる。グリッド（メッシュ）は，経度 6 度×緯度 8 度の範囲を示している。このグリッド内では，地図は直交座標系（地図学では，平面直角座標系）で描けるので，デカルト座標系と同じ世界を展開できる。

経験的構成概念としての測定空間

　「先在的空間（プレエグジスティング）」という考えがある。この考えでは，'私たちや「もの」は，

空間内に受動的に埋め込まれている'と考える。空間は，私たちや「もの」より以前にあり，それらがこの世界に現れると，受動的に埋め込まれるのである。私たちは，空間の中で能動的に移動するが，空間はそのような私たちを受け入れているのである。

　私たちの日々の生活は，携帯電話，パソコン，テレビ，自転車，車，家，公園の小道，駅，電車，オフィス，映画などの構成成分であふれている。これらは，すべてがありふれた「もの」だが，私たちの空間を経験的に構成するために必要なものである。空間を経験するということは，‘私の携帯どこにあるの？’とか，‘テレビから離れて観なくちゃだめ！’とかで，「もの」の利用（経験）を通じて，私たちは，空間を組み立てている。

　このような経験的に構成された空間に対し，私たちが常日頃行うのは，「距離測定」である。距離の測定単位は，メートルであるが，それは，18世紀のフランスにおいて定められた。パリを通過する北極点から赤道までの子午線（地球の大円の1/4）の長さを，1千万分の1にした値を1mとした。18世紀に確立されたメートル法によって，「空間の標準化」がなされ，地表面上の地点間の距離測定が可能になった。

　UTMで描かれた地図では，地表面上の事象（家や公園など）を，メートルを基準として配置する。したがって，この地図では，家と公園間の距離は，メートル単位で測ることができる。私たちの日々の生活では，空間は，図3-2に示すように，家（自宅）を中心とした「測定空間」として，経験的に構成される。‘いつも私は，家から東に100mのところにある公園に行き，そこの小道を1kmジョギングする'となる。

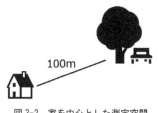

100m

図3-2　家を中心とした測定空間

絶対空間の世界観

　このような絶対空間の概念は，ルネサンスの中心人物の一人，フランスの哲学者デカルト（Des Cartes）によって価値を高められ，普及した。デカルトといえば，"我思う，ゆえに我

あり”という言葉が有名である。このデカルト主義（カルテジアン：名前の冠詞 Des を取り，形容詞にすると Cartesian）の「考える私」（コギト）では，‘「考える私」を中心に，世界がある’と見るのである。このような‘世界の中心に考える私がある’という主張は，個別の社会的・空間的根源をもたない，すなわち，立地をもたない，身体から分離した合理的精神を中心とした，「機械論的世界観」の提唱につながる。

　世界を認識する彼の視点は，空間での被写体のマッピングと同じと見なされる。近代性の立ち現れる空間は，可視的で，可測的であり，見る人は身体性のない，「場所性のない」ものとなる。空間のこのような幾何学的な見方は，カルテジアンの人間主観の考えを広める大きな力になった。ルネサンス期のヨーロッパでは，空間のカルテジアン的な見方は，上記のように地図学のみならず，幾何学，測量学，土木工学，建築学の発展を助けた。そして，ニュートンの物理学と万有引力の理論に対する基礎を形作るとともに，科学の数学化，一組の普遍法則の追求，そして，ヨーロッパの技術的進歩を大きく促進させる強力な「科学的世界観」へと導いて行ったのである。

大航海時代の空間

　17 世紀の大航海時代におけるヨーロッパの航海者にとっては，この絶対空間の考え方は，重要であった。空間を距離へ変えることによって，空間を平面化し，海洋を航海可能なものにし，世界の多くの場所を理解する図式に整理する点で，役に立った。ヨーロッパ列強の地球全体への投影は，地図のグリッド網や経緯度線網によって容易に横断できるものとして，空間のカルテジアン的な概念化を必要としたのである。

　固有で複合性をもつさまざまな場所を，地球の経緯線のグリッド網の中に押し込むことは，ヨーロッパ人のためにヨーロッパ人により設計された，単一で，統合され，理路整然とし，すべてが監視できるような世界観の中に，国や地方を位置づけた。地球レベルのカルテジアン空間を，神のような視点で眺めることで，場所は比較され標準化される。これらすべての場合，空間は，実質性を

伴う社会的脈絡が奪われ，抽象的な線形座標の定形で一様な系になる。空間を固定化し，非社会的で，不変のものとして表現することで，カルテジアン空間は，空間より時間を重んじる西洋の長きにわたる伝統を強めた（Warf, 2010a）。

第2節　相対空間

相対空間とは

　絶対空間が，固定され，絶対的で，時間を超越しているのに対して，「相対空間（スペース・レラティブ）」は，社会的に構成され，時間的に再構成される空間である。絶対空間は，その空間の中にある「もの」から独立して存在していたのに対し，相対空間は，その空間の中にある「もの」から独立して存在せず，その中で起こっていることを通じて構成される。絶対空間は，先在している「もの」を空間とよんだのに対し，相対空間は，「もの」（見えたり触ったりできる物体；オブジェクト）の間の距離であり，「もの」がなければ，相対空間は存在しない。相対空間は，地理学者によって，流動的で，変わりやすく，変化し続けるものとして描かれている。

　相対空間の起源は，17世紀の有名なドイツの知識人，ライプニッツに遡る。彼は，微積分学でニュートンの偉大なライバルであり，絶対空間をカルテジアン的観点から重要視する当時の優勢な考えに同調せず，「空間性」の視点を明確にした創始者である。

＜空間性とは＞

　空間性（スペーシャリティー）では，空間が，人間と「もの」の間の関係に影響すると考える。空間が，社会全体に介在することを主張する。空間は常に社会的であり，その逆に社会は常に空間的である。空間をこのように捉えると，「相対空間」という概念が成立する。空間は社会によって作られる側面があるので，空間は社会に対応した相対的な存在になる。

　空間性から見ると，空間と社会の関係は，相互に「埋め込まれている（エムベディッド）」と考える。経済学者のポラニー（2009）は，"人間の経済は，経済的な制度と非経済的な制度に埋め込まれ，編み込まれているのである。非経済的な制度を含めることが肝要である"

と主張し，経済は社会に「埋め込まれている」という「埋め込み」の概念を提示した。これに対し地理学では，'空間と社会は相互に埋め込まれている'ことを主張する。

　空間性は，空間に関わる，あるいは，空間を占拠する「特性」として定義される。空間の「次元性」の特性では，たとえば，山登りのルートは，二次元の平面空間よりも，高度も入れた三次元の立体空間で表現したほうが，空間が，人と山との関係に影響する仕方を適切に捉えることができる。また，「方向性」や「空間配置」のような空間を占拠する特性もある。

　デカルトの考えを引き継ぐニュートンは，空間が測定方法や内部に含んでいるものに関係なく，独立して存在していると考えたのに対し，ライプニッツは，空間と時間は関係的であり，解釈の特定の枠組みとの「相対的関係」でのみ理解できるとした。たとえば，距離は，空間内に置かれた二つ以上の物体間に存在する空間に注目することを通じてのみ，理解することができる。しかしながら，産業革命の大きな変化が到来し，空間性の意味そのものが練り直されるまでは，相対空間は，長年に渡り絶対空間よりも軽視されたままであった（Warf, 2010b, 2402-2403）。

　相対性理論は，1890年代に非ユークリッド幾何学の偉大なフランスの数学者ポアンカレによって予想され，客観的に正しいとされてきた絶対的な時間と空間を完全に否定した。アインシュタインは，1905年に特殊相対性理論を構築し，時間と運動に関する実験結果は，観測者による時空間座標の設定の選択に依存していることを，数学的に示すことで，ポアンカレの分析を拡張した。相対性理論では，四次元空間は，エネルギーや物質を包み込むゆがんだ曲面を形成する。物理世界の物質性に対し，ゆがんだ時間と空間を縫い込んだことから，重力は，独立した力ではなく，ゆがんだ時間と空間の効果としたのである。相対性理論は，時間と空間を位置づけし直し，時間と空間は，ローカルな物質と運動の特質によって組織されるとした。アインシュタインによれば，「今」は「ここ」に閉じ込められる。アインシュタインは，時間の削除は，観測者と観測対象との間の相対的運動によって生じる。したがって，相対性は，客観的時間と空間から，個々の観測者がその出発点で受け取る視界へと戻ることを意

味する。

空間を時間で消滅させる

　マルクスは，経済学批判要綱の中で，資本主義が「新しい空間」に手を伸ばし征服する歴史過程に結び付けながら，より広い空間分業の中で「新しい空間」を覆いつつあるという「相対空間」の見解を，驚くほど初期に提示した。"資本主義は，一方で，取引に対するすべての空間的障害を取り除くことをもくろむ。…他方で，それは，地点間の移動にかかる時間を最小化させ，空間を時間で消滅させることをもくろむ。"（森田，1976，101-102）。

　地理学者デヴィッド・ハーヴェイは，地理学の中にマルクス主義分析を取り入れ，相対空間の構成と再構成を，より大きな利益や余剰価値をもたらす販路の絶えまない探求に結び付けた。時間によって空間を無効にする要求は，継続的な資本主義の運営と生き残りにとっての根源であり，常に拡大する空間スケールで資本を再生産し，資本蓄積の時間的リズムを加速するのである（Harvey，2006）。

　それでは，'空間を時間で消滅させる'とは，どのようなことなのであろうか。東京・大阪間の鉄道を例にとって説明しよう。東京駅から大阪駅（あるいは，新大阪駅）間の鉄道路線距離は，約 550km である。図 3-3 は，鉄道によ

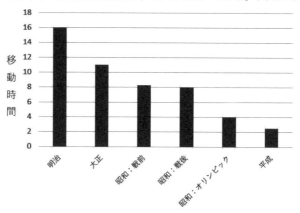

図 3-3　鉄道による東京－大阪間の所要時間の変化

る東京－大阪間の所要時間の変化を表す。明治時代では16時間かかっていたが，大正時代になると11時間，昭和の第二次世界大戦前後は8時間，オリンピック東京大会に合わせ新幹線が開通すると4時間，平成になると「のぞみ」で2時間半になった。この百年間に，東京－大阪間の時間距離は，なんと6分の1になったのである。'空間を時間で消滅させる'ということは，鉄道のこのような技術革新によって，「空間的障害」を取り除くことを意味する。

　令和の時代においても，東京－大阪間の鉄道路線距離は，変わらず550kmである。これは，絶対空間の考えに基づき，メートル法で測定された距離である。それに対し，相対空間の考えに基づき，時間で距離を測定すると，明治に比べ，6分の1に短縮した。このように相対空間の概念は，「時空間の圧縮」の考えにおいて中心になる。「絶対距離」は変化しない一方，時間や費用で測定される「相対距離」は，常に変化している。相対空間内では，交通速度が速くなるほど，場所間の絶対距離は変わらなくても，場所は相互に近くへ引き寄せられる。

消滅しつつある空間

　鉄道，電信，電話とともに，飛行機の発明は，空間をますます矮小化させ，飛行機の搭乗は，'消滅しつつある空間'を体験させてきた。交通や通信手段の高速化により，介在する空間は消失し，その結果として起こる時空間の急速な圧縮によって，出発地と目的地は，それらの中間にある場所を犠牲とし，局所的な脈絡から引き離され，ギデンズ（1993）が指摘する「脱埋め込み」を達成する。この意味で，飛行機は，航空路の途中にある場所を，存在しなくするか，または問題にならなくし，グローバルな時空間を通じて，「ワームホール」とよばれるトンネルのような抜け道を形成する（図3-4）。ワームホールとは，リンゴの

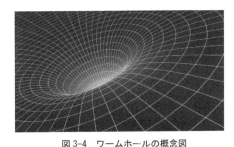

図3-4　ワームホールの概念図
出典：https://www.wallpaperbetter.com/ja/hd-wallpaper-wewer/download/2560x1440（2022年11月7日最終閲覧）

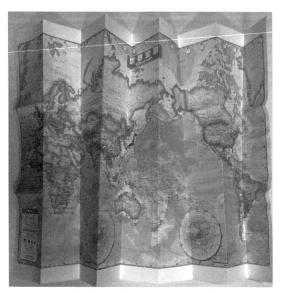

図 3-5 折り紙の空間

虫喰い穴を指し，リンゴ表面の一点から裏側に行くには円周を移動する必要が
あるが，リンゴの虫喰い穴を進むと短い距離の移動で済むので近道になる。飛
行機での旅行は，地点間に存在する従来の物理的・社会的な障害物を無視する
ことができるようにした。飛行がますます大衆に受け入れられるにつれて，都
市間の距離は，絶対距離よりも時間的側面からの相対距離としてしばしば想定
されるようになった。

　現在のグローバル化したポストモダンな資本主義は，複雑な地理を生み出し
ている。そこでは，近接性と交通費は比較的周辺に位置づけられ，あまり重
要でない役割しか果たしていない。飛行機，人工衛星，テレビや，インター
ネットを含む情報通信は，「物理的距離」と関係なく，社会的相互関係を形作
る。その結果は，ワームホールやトンネルによって特徴づけられた一連の入り
組んだ（渦巻き状の）景観と，グローバル化が卓越した兆候を示す複雑な空間
性を生み出した。したがって，ポストモダン資本主義は，ライプニッツの相対
空間の重要性を歴史的に前例のない水準に高めたのである。相対空間の現代的

理論化は，次節に示すようなアクターネットワーク理論や地理学者ドリーン・マッシーの権力幾何学のような見解によって特徴づけられ，折り紙のような形で，言い換えると，地図が複雑に折り込まれ，意外な地点間が接近しているような空間を描く（図3-5）。

　これらすべての場合，交通，通信，表現の変化は，イデオロギーや思考法の同様に劇的な転換をもたらした。近代科学は，その根幹で，客観主義の基本原則を揺るがし，ルネッサンス以降に主流となったデカルト流の主導的見解の代わりに，多様な時間と空間を用い，多様で，断片化した現実の新しい表現を使い，時間と空間の意味を再整理したのである。相対空間は，手短に言えば，資本主義，工業化，近代化の歴史を通して明らかになった「距離摩擦」の急激な低下を示す。位置の重要性は消滅していないが，しかし，等しく意味のある新たな方向に沿って再構成されている（Warf, 2010b）。

身体による空間の組織化

　人間を身体と精神を分けるカルテジアン（デカルト）的な二分論は，地理学の思考や研究に計り知れない影響を与えた。「身体」は情熱と女性らしさ，「精神」は理性と男らしさと関係する。人間を動物や機械から区別するのは精神であると考え，精神を身体より優先して，地理学では研究が行われてきた。障害，ジェンダー，年齢，貧困，人種といった身体に関わる研究は，研究のテーマからはずされる傾向が見られた。しかし，1970年代から始まった人文主義地理学では，世の中に存在するという点で，人間の身体が果たしている極めて重要な役割を認めるようになった。

　身体と空間に注目すると，身体は空間を占めるだけでなく，意図を通じて空間を支配し統制する。空間は人間の前に開けており，人間の身体の構造（目の位置）に対応して，前－後の軸と右－左の軸が設定され，空間は分節化（切り出）される（図3-6）。一般に，前方と右側が広く切り出される。前－後の軸と右－左の

図3-6　身体による空間の組織化

軸は，身体を中心とした座標系であり，空間の中にはめ込まれる。空間を身体で統御する（組織化する）とは，進むべき目標（ランドマーク）が，この身体の座標系と適合している状態を指す。

　森の中で，道に迷ったとしよう。すると，まったく方向感覚を失ってしまう。自分がどこにいて，どの方向に向かって歩いているのか，まったくわからないのである。森に入ってきた入口に戻りたいが，その方向や経路がわからなくなってしまった。ところが，遠くの木立の向こうに，ちらちらする明かりが見えた。"その明かりが見えたことによって，空間は劇的にその構造を取り戻す"（トゥアン，2019, p.71）ことになる。ちらちらする明かりが，到達すべき目標になったのである。私がこの目標を目指して歩き始めると，前と後，右と左は再び意味をもつようになる。つまり，私は，右や左へそれないように注意しながら，空間を前方へ歩いていくのである。

経済による空間の組織化

　身体による空間の組織化では，事物や自然に対する人間主体の優越性を前提に，人間を中心として（人間中心主義的に）空間を捉えてきた。それに対して，「アクターネットワーク理論」では，人間主体と同じく社会を絶えず再構成する行為能力をもつ「人間ならざるもの」（非・人間）を含む行為主体である「アクタント」にも注目することで，人間中心主義的前提が崩される。1990 年代末からのこのポスト人間中心主義的な空間の考え方について，イギリスの企業がペルーからコーヒー豆（以下，コーヒー）を輸入する「アクターネットワーク」から，経済がどのように空間を組織化するかを見てみよう。

　イギリスのコーヒー輸入企業 4 社が，フェアトレードのコンソーシアム（共同事業体）を組織した。1990 年に南半球のペルー北部海岸のコーヒー輸出企業と，フェアトレードとしてコーヒーの売買契約を結んだ（図 3-7）。この企業は，アンデス山脈北部の九つのコーヒー生産共同組合からコーヒーを買い上げている。両企業は，コーヒーのニューヨーク取引所での相場に注意して取引を行う。フェアトレードとは，コーヒー価格が急落したときは最低価格での購

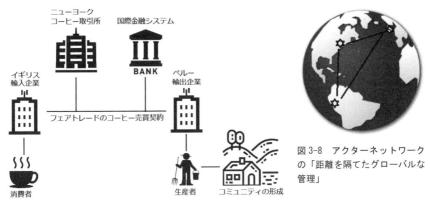

図3-8　アクターネットワークの「距離を隔てたグローバルな管理」

図3-7　フェアトレードによるコーヒー売買契約

入を保証するため，相場価格に報償金（10%）を上積することを約束している。また，両企業は国際金融システムを利用するので，税関職員・銀行員・コンピュータ・電話・ファックスなども，フェアトレードの異種混交的なネットワークのアクター／アクタントを構成する（野尻，2015）。イギリスに輸入されたコーヒーは，消費者を楽しませるとともに，コーヒー販売で得たお金の多くは生産者の小規模コーヒー農家に届けられる。フェアトレードのコーヒーが，医療・教育・農業に投資され，コミュニティを豊かにするのである。

　従来の貿易の地理学では，アラビカ種のコーヒー豆がペルーからイギリスに輸出されるという流動を記述し，空間は「流動空間」として捉えられてきた。アクターネットワークでは，この流動空間に加え，「仮想空間」も組み込まれている。すなわち，イギリスとペルーの企業は，ニューヨークの取引所のコーヒー相場をインターネットで監視し，コーヒーの売買価格に対して，「距離を隔てたグローバルな管理」（acting at a distance）を行っている（図3-8）。南半球のペルーと，北半球のヨーロッパにあるイギリスが，北アメリカにあるニューヨークと，グローバルにつながっているのである。さらに，国際金融システムを利用することから，行為主体である人間（銀行員）と，主体が作り上げた客体である「もの」（コンピュータ），主体が作り上げた規則（関税に関わる法律）といった異種混交的（ハイブリッド）な「ネットワーク空間」をアク

ターネットワークは形成する。アクターネットワークでは，主体が作り上げた客体（もの：非・人間）は，アクタントとよばれ，同じく行為主体として取り上げられる。アクターネットワークは，社会的諸関係から非・人間を排除せず，現代の人間社会を形成して，ネットワーク関係を空間的に拡げている。

　アクターネットワーク理論では，ネットワークは，ユークリッド空間に基づいた伝統的なネットワークを表現しておらず，社会と空間が相互に構成し合っている空間の相対的見解を採用している。ネットワークにおけるアクター／アクタント（人，もの，組織，技術など）の位置と役割は，時空間を通じて，パワー関係のさまざまな配置へと導く。場所は領域として囲まれておらず，むしろ，関係を通じて形成過程の中にある。容器としての空間を想像するよりも，むしろアクターネットワークでは，複数の空間性が同時に働いていることを想像させる。

第3節　関係空間

　ポスト構造主義（ポストモダン）地理学の思考の一つに，「関係性」リレーショナリティーをテーマの中心に据えた関係的リレーショナルな地理学がある（Mordoch, 2006）。この地理学では，人びとが居住している世界が，一組の離散した事物で成り立っていると考えるのではなく，事物の相互に関係した仕方を通じて形成されていると考える。この関係的アプローチは，事物のつながり（連結性）に注目する。図3-9は，東京メトロの路線図を示す。この地図は，地下鉄の駅がどのような順番で他の地下鉄の駅とつながっているかを示す。幾何学の位相（トポロジー）という概念は，事物のつながりを表している。駅間のつながりを示すこの地図は，まさしく位相地図とよばれる。関係的な地理学では，この位相地図のように，縮尺（スケール）や絶対位置は，もはやまったく重要ではない。議論されるのは，空間ではなく，その中で事物が関係している方法に向けられるのである。空間に対する関係的アプローチは，事物が関係づけられるようになる仕方に注目し，絶対空間，相対空間に続き，三番目の「関係空間」リレーショナルの概念を生み出した。

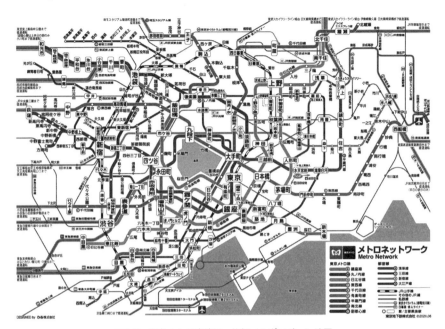

図 3-9　東京メトロ路線図：位相（トポロジー）地図
出典：https://www.tokyometro.jp/station/202006_kani_ja.pdf より作成

＜モダンとポストモダン＞

　「ポストモダン」とは，「モダン」（近代）が終わった後の時代を示す言葉である。近代は，社会が理性と学問によって，正義と真理に向かって進歩していくという「歴史の大きな物語」が信じられていた時代である。しかし，情報が世界規模で流通し，人びとの価値観も多様化した現在では，そのような一方向への歴史の進歩を信ずる人は少なくなってしまった。このように，「歴史の大きな物語」が信じられなくなった時代は，「ポストモダン」とよばれている。「ポスト構造主義」もほぼ同じような意味をもつ。地理学者ハーヴェイは，「移ろいやすいもの」と「永遠のもの」との結合として定義された「モダニティ」から，「移ろいやすいもの」が「永遠のもの」に対して優位になる「ポストモダニティ」への，文化状況の移行であると捉えている。ポストモダニティの文化とそれに対応するグローバルな政治経済が，「移ろいやすいもの」であり，不安定であることを資本主義の特質と結びつけている（ハーヴェイ, 2022）。

空間と時間

　空間と時間との関係は，どのように捉えられるのであろうか。一般的に，空間は，時間とは反対のものであると同時に，時間性を欠いたものとみなされてきた。たとえば，空間は‘時間を「瞬間」で切り取ったもの’という考えである。したがって，空間は，「時間の瞬間的な切断面」なのである。また，「時間の静的な切断面」として捉えられることもある。このように，空間を‘瞬間的であるだけでなく，静的である’と考える結果，「凍りついた瞬間」となり，停滞し固定化された世界が広がってしまうことになる。

　また，空間とは，時間を切り取った結果と捉えると，空間は，まったくの残余化されたものとなってしまう。さらに，空間は，閉じた領域であり，新しいものや政治的なものが生まれる可能性がないことにされてしまうのである。「凍りついた瞬間」としての空間は，持続なき世界になることから，瞬間的な切断面に持続という重要な性質を吹き込むことによって，空間は「動的な同時性」の次元として捉えられる。また，空間は，事物を並置する働きをもつことから，多様性の次元としても捉えられる。さらに，空間は，具体的な相互作用(関係性)の実践を通して生産される。「時間」が「変化」として展開するならば，「空間」は「相互作用」として展開する。その意味で，空間は社会的な次元であり，差異，従属，利害の対立といったすべての形式で構成されるのである。

　地理学者ドリーン・マッシー(2018, 161-163)は，著書『空間のため』の中で，グローバリゼーションという言葉には，‘歴史の中への地理の招集’が潜んでいることを指摘している。開発途上国の"マリやチャドがたどる開発の軌跡は，…先進国と同じ開発の道筋を後から追いかけているものと見なされ，…遅れを取り戻す物語へと転換すること"になる。ヨーロッパ諸国も，アメリカモデルに追従し，異議申し立てをしない。このようにグローバリゼーションは，‘世界の地理を，歴史の物語に変換してしまう’ことを意味する。このことからもわかるように，少なくともここ数世紀の間，空間は時間ほどには尊重されず，注意を払われてこなかった。空間が時間よりも低く位置づけられてきたのである。

　そこでマッシー（2018, 24-29）は，マリやチャドのような国々が，異なる物語を語り，別の道筋をたどることができるように，空間の関係的概念を検討した。第一に，空間は「相互作用」を媒介として構成されるとした。これは，「時間」が「変化」として展開するならば，「空間」は「相互作用」として展開すると考えたのである。第二に，同時代の「多様性」が存在できる領域として空間を考えた。マリやチャドなど同時代の地理的差異が共存できる空間である。第三に，空間は常に構成の「過程（プロセス）」にあるという認識である。これは，決して閉じることのないシステムとしての空間であり，未来への開放性によって，差異を作り出しうる政治の地平につながる。

関係空間とは

　関係空間は，事物（オブジェクト）間の関係で構成される空間と定義される。関係空間では，事物と空間の間の違いはなくなる。空間自体だけでは存在できず，事物とそれらの時空間的関係や伸展を加えて議論するのである。したがって，空間が容器として事前に存在する絶対空間の概念とは，全く正反対の概念となる。事物の関係が発生すると同時に，関係空間は生じる。関係空間は，事物間の関係を通じて，位相的な形で，常に形成されつつあるのである。

　関係空間は，ポストモダニティ（ポストモダンな時代の社会経済的状況）を表現する空間概念として知られている。この空間では，非デジタル世界の速度とデジタル世界の速度の二つの「異なる速度」が見られることが重要な特徴になっている。このデジタル技術の速度は，ほとんど瞬間的に接続され，さまざまな側面で社会的優位性をもたらす。関係空間は，社会関係を「急いで」確立するための今日的な企業命令によって生み出された社会空間と捉えることもでき，そこでは，グローバルであるが，対面接触（フェース・ツー・フェース）が行える空間スケールを折り込んだ関係性が形成される。関係空間は，場所や時間のこれまでの制約を打ち壊し，‘社会関係の地平線を劇的に開放する’という今日的状況に言及している（McQuire, 2008, p.23）。

　関係空間の中に「家（ホーム）」を位置づけると，物理的な単一の場所以上のものを指

すことになる。家は，情報ネットワーク上でのインタラクティブなノード（双方向の結節点）になり，オンラインが持続した状態で，脱領域化につながり，場所と経験，自己と見知らぬ人の間の境界が曖昧になっていく。関係空間の中では，「あなたの家はどこですか？」という昔からの地理的質問は，「家とはどういう意味ですか？」というポストモダンな要求に取って代えられる。情報技術は，「家」をさらに開放し，通気性をよくする一方で，他の場所や人々とのアクセスを優先させることから，関係空間は，家の外側の方向に指向する。家とは，より広い「文化的帰属意識と実存的シェルター」としての意味をもつようになる。

スマートシティ

　歴史的に見ると都市の成長は，常に技術と密接に係り合ってきた。19 世紀半ば以降の急速な工業化によって，農村から都市に労働者が大量に流入した。その結果，都市は，見知らぬ人でいっぱいになり，疎外と疎遠を解決することは，現代の都市生活の重要な課題となっている。新たなデジタル技術の存在は，後期資本主義やポストモダニティの重要な特徴である。それは，放射状の道路形態で示される明確な中心をもった都市を，中心を欠き偶発的で不連続かつ不均質な空間へと変質させる邪悪なものと捉えられる一方で，デジタル技術を無視するのではなく，現代の都市が「よそ者」でいっぱいになりがちだとしたら，その解決策として，公共圏（他人や社会と相互に関わりあいをもつ時間や空間）を増強し，潜在的に改革する手段としてそれを受け入れることも提案されている。スマートシティを通して，関係空間が，場所や時間のこれまでの制約を打ち壊し，'社会関係の地平線を劇的に開放する'という今日的状況を，具体的に見てみよう。

　スマートシティの「スマート」とは，都市の中核をなすサービスを学習し，改善する能力を指す。デ・ヴァール（de Waal, 2014）は，この能力を備えたスマートシティの基盤として，二つのデジタルアプリケーションを提案している。第一は，「体験マーカー（記録簿）」と彼がよんだものである。都市

図 3-10　グラモーガンシャー運河

出典：「グラモーガンシャー運河」『フリー百科事典 ウィキペディア日本語版』
https://en.wikipedia.org/wiki/Glamorganshire_Canal#/media/File:Canal_
near_Nightingales_Bush.JPG（2022 年 11 月 8 日最終閲覧）

体　験 を記録するために使用でき，ソーシャルメディアを通じてその体験は
共有される。第二は，「地域ディバイス」で，特定都市地域の体験に必要な情
報を提供する。携帯電話は，私たちと都市環境とを結ぶ媒介手段であり，他の
人の存在や都市環境のメディアファイルの存在を管理する。スマートシティで
は，携帯電話はインテリジェントなコンパスとなり，日常生活の喧騒と混沌の
中で都市居住者を導く。したがって，都市居住者は，自らの現在の「舞台」で
ある都市の大通りからフェイスブックに至るまで，自分の生活を公にする方法
を見つけなければならない。

　ウエールズの首都カーディフのカーディフ城から，グラモーガンシャー運河
（図 3-10）を経由して，カーディフ湾に至る 2 マイルのツアーを企画した事例
を紹介する（Jordan, 2015）。幼い子供から退職者まで，20 人がこのツアー
に参加した。ツアーは，単に物理的な徒歩による巡検だけでなく，参加者が
コメントと写真を Twitter で #GlamCan にアップロードすることで，Twitter
での創造的な取り組みを通じて，各参加者は自分の街について，またお互いに
ついて，新しく異なるストーリーを語った。

　参加者は，ツアーの見学地点に到着すると，見学地点に関するツイート（ス

ペースを含めて 140 文字に制限された短いテキストの応答）と携帯電話で撮影した最大 4 枚の写真を添付した体験マーカー（記録簿）を作る。参加者は自分の個人的な体験記録簿とともに，他の参加者の体験記録簿にもアクセスでき，特定の地理的位置でのお互いの反応を見ることのできる「地域ディバイス」にもなっている。この見学地点では，自分はあまり感動しなかったが，他の多くの参加者は感動しているのだということがわかる。最終的に，参加者による「グラモーガンシャー運河に関する物語」は，歴史的遺産のサイトにデジタル的にリンクされ，「地元の知識」の産物として，サービスの改善につながった。

　参加者は，物理的な巡検の「ここ」と，デジタル技術を介した「他の場所」の両方に同時にいた。旅の終わりまでに，参加者は物理的にもデジタル的にもお互いに関わり合い，都市とその市民で構成される空間との関係を再構成した。このように関係空間は，都市居住者がツアーに参加した瞬間に発生する。デジタル的な関わり合いを通しても，関係空間は発生し，場所や時間のこれまでの制約を打ち壊き，'社会関係の地平線を劇的に開放する' のである。

第4章　場　所

第1節　場所の概念

　人文地理学では，研究の主流が時代とともに変わり，研究が進展する。1970 年代半ばまで，研究の主流は，「実証主義地理学」（計量地理学）とよばれる地理学であった。1970 年代後半になると，それに代わって，「人文主義地理学」（現象学的地理学）が力を増してきた（松尾，2014）。方法論的な違いを明確にするため，「空間」と対比して「場所」を論じ始めたのである。これは，近代主義（モダニズム）からポストモダンが台頭した時期で，「空間」主義への反発と「場所」主義の台頭という転換期であった。生活環境には，理想郷の「空間」（自由）のほかに，楽園（平和と繁栄，幸福）の「場所」（保護）も必要なのである。本章では，場所の地理学的な概念とその特徴を考察する。それらを説明するための事例として，研究事例が蓄積されているアメリカ合衆国シカゴ市の「マクスウェルストリート市場」を取り上げる。

＜実証主義地理学と人文主義地理学＞

　1960 年代に人文社会系分野に広がった科学化の運動と関連し，地理学では，統計学や数理的手法を用いて，地域を客観的に分析する計量地理学が台頭した。この地理学は，実証主義地理学ともよばれ，事実を根拠とし，観察や実験によって実際に検証できる知識だけを認めようとする立場を取る。

　実証主義的研究では，世界を単純化し抽象化してしまうので，人びとが世界に割り当てた主観的で豊かな「意味」を拾い上げることができないという批判が生まれた。

　人文主義的方法では，実証主義や経験主義と同様に，知識の構築は，個人の経験から始まる。しかし，人文主義は，自己を強く意識し，共感的な社会を捉える。人文主義的方法は，観察者の主観性と観察された者の主観性の双方を認めるとともに，研究者を研究過程に組み込むことを強要する。そうすることで，人文主義は，観察者の倫理と道徳を明確にするとともに，社会を研究する過程における研究者の位置づけを明らかにする。

＜マクスウェルストリート市場＞

　マクスウェルストリート（Maxwell Street）は，シカゴ市内で最も古い住宅街の一つである。有名なマクスウェルストリート市場の場所であり（図4-1），1920年代の全盛期には手押し車で市場はにぎわっていた。移民の玄関口であり，シカゴでの生活を支援する大きなセツルメントハウスがあった。この地域の大部分は現在，イリノイ大学シカゴ校のキャンパスの一部になってしまった。「シカゴブルース」や，ポーランドソーセージのホットドッグ「マクスウェルストリートポリッシュ」の発祥の地で

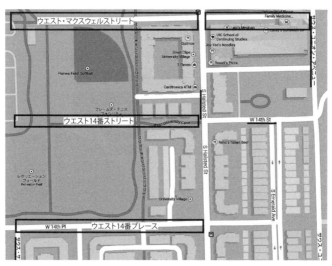

図4-1　マクスウェルストリート市場の位置
Open Street Map を使用。

も有名である。この市場は，歴史的資料が蓄積されていることから，場所の地理学研究で広く取り上げられている (Cresswell, 2019)。

場所の概念

　地理学では，「場所」の概念は，さまざまに定義されてきた。最も簡潔な定義は，「意味のある空間の部分」である。「空間」は，すでに第 3 章で論じたように，抽象的な概念であり，実証主義地理学で多用されてきた。それに対し，「場所」は，個人あるいは社会において特定の意味を集積した空間の部分なのである（Cresswell, 2014a）。空間は，意味が加えられる以前の白紙のシートと考えられる。歩道もなければ，道標もない。人びとによって定められた「意味」がないのである。それに対し，場所は，囲われて，人間化された空間である。そこは，確立された価値の中心を成す。人びとには，空間と場所の両方が必要である。場所は人びとを保護し，そこへの愛着により，しばしば人びとをその場所に根付かせる。空間はその逆で，冒険や自由をもたらす（トゥアン，2019，16-18）。場所は，さまざまな空間スケールに対応する。暖炉のそばの古い揺り椅子は，それに意味を与えたり，なじんだ習慣と関連付ける人にとっては，お気に入りの場所になる。キッチン，家，街路，近隣，町，都市，地域，国家，そして大陸といったすべての空間スケールで，場所は生まれる。したがって，「場所性」とは，空間スケールを横断する場所の物質的あるいは象徴的な特徴として理解される。

場所の三要素

　国語辞典によると，場所とは，①何かが存在したり行われたりするところや位置，②ある広がりをもった土地，③ものが占めるために要する広さ，などの意味がある。「魚の釣れる場所を探す」や「約束の場所に行く」は①であり，「家を建てる場所がよくない」や「お花見の場所をとる」は②，「立っている場所もない」は③である。このように，場所はさまざまな意味をもつ。

　地理学では，場所は，「位置」，「場」，そして「意味」と，三つの要素から成り立っ

ていると考える（Agnew, 1987）。「位置」は，空間参照（たとえば，経緯度や住所）に基づいた絶対位置で，第2章ですでに取り上げた。上記の国語辞典であると，①に相当する。場所を説明する事例として，シカゴの「マクスウェルストリート市場」を取り上げる（Cresswell, 2014b, p.4）。北アメリカ最大の青空市場で，1880年代から1990年代までほぼ一世紀に渡り開設されていた。その位置は，図4-1の黒枠で示すように，ウエスト・マクスウェルストリート，ウェスト14番ストリートとウェスト14番プレースの範囲に当たる。イリノイ大学シカゴ・キャンパスの開設によって，1990年代半ばには市場は移転し閉じられた。

　場所は常に定まった位置をもっているかというと，必ずしもそうではない。船での旅人や遊牧民のように，地図上で位置を変えても，場所への愛着が妨げられるものではない。位置は，場所の単なる付随的な特徴なのである。

　「場」（locale）とは，社会関係が展開する物質（建造）的環境（舞台）に当たる。上記の国語辞典の②に相当する。場は，ある意味で，場所の「景観」と関係し，建造物，公園，道路，その他の社会基盤のユニークな集合としての物質的な現れである。場は，また，その場所を他の場所から目立たせる特別的な「実践」の舞台にもなっている。これには，就業，教育，再生産などの日常的な活動を含んでいる。このように，私たちは，場所を事物と活動のユニークな組み合わせの場として捉えており，その中で生活が繰り広げられている。

　マクスウェルストリート市場は，混雑する日では，何千もの個人商店主が，トラックの後部扉や，単に敷石の上に，仮設の店舗スタンドを立て，商品を配列し，通過する歩行者に商品を販売することを目指す。多くの店舗は，中古の商品を販売し，格安品を買い求める人びとは，シカゴ地域はもとより，州の外からもやって来る。マクスウェルストリート市場は，このような「場」なのである（図4-2）。

　「意味」は，場所の主観的側面，すなわち，個人や集団が場所に付与した「意味」と関係する。場所の意味は，内側（その場所に住んでいる人びと）と外側（その場所を訪れた，あるいは，想像した人びと）で，場所が呼び起こした主観的

図4-2 マクスウェルストリート市場：1910年
出典：Getty Images

な感情である。したがって，場所は，その前身である空間よりも，はるかに豊
かな考えである。

　"マクスウェルストリートは場所である。しかし，多くの店は熾烈に商売を
競い合い，客はしつこく値切っているような青空市場を，人びとはかつて見た
ことがない。ある人びとにとっては，それは観光の魅力を呼び起こし，あるい
は，有名な市場を思い出させることから，そこは場所以上のものである。"
(Cresswell, 2014b, p.4)。

第2節　個人的な場所

　私たちは，場所を，一般的な言葉として日常生活で広く使用している。しか
し，地理学の教科書を見ても，場所についてさまざまな概念は説明されている
が，具体的な説明事例が少なく，理解につながらない。そこでまず糸口をつか
むため，場所に関する私の個人的な経験，すなわち「個人的な場所」から始め
る。なお，これに対応する「公共的な場所」は，第4節で取り上げる。

　すべての場所は，個人的な経験を通じて形作られる。私たちは，自分自身の

図4-3　個人的な場所：熱海

心情と経験と意図の色めがねを通して，場所を見る（レルフ，2021，97-100）。空間は，白紙のシートと考えられる。そのシート上のある地点に意味を付けると，「場所」になる。図4-3は，私が3歳のときの家族写真である。場所は，静岡県熱海市である。私は3歳なので，このときの記憶は残っていない。おそらく，この写真を見ながら母が語ったことが，この場所に対する意味を形作ったと思う。

　この写真が撮られたのは，アジア太平洋戦争が終わった4年後の1949年である。海を背景にしていることから，場所は熱海の海岸である。家族は，旅館の浴衣を着ている。私のみが半ズボンなのは，浴衣を着るのを嫌がったとのことである。姉は子供ながらハンドバックをもち，母は指輪を付けていた。父は繊維会社を経営し，糸へん景気により，家族は経済的に豊かな生活を送っていた。私にとって熱海という場所は，高阪家が経済的に絶頂期を過ごした場所という「意味」がある。私が物心ついたころには，会社は倒産してしまった。私にとって熱海は，エデンの園（平和と繁栄，幸福の楽園）につながる場所なのである。

　場所のもう一つの特徴として，「物質性」がある。海の向こうには，海岸道路に並ぶ旅館との間にコンクリートの護岸堤が見える。これは，まさに場所を

構成する物質である。小津安二郎の映画「東京物語」にも，このコンクリートの護岸堤は出てくる。尾道の老夫婦が，東京に住む子供たちに会いにやって来た。子供たちは皆忙しく相手にできず，熱海旅行に行かされる。喧噪で眠れない夜を過ごした老夫婦が，朝にこの堤防に座っているシーンがある。この場所で，老夫婦は尾道に帰ることを決める。コンクリートのこの護岸堤は取り壊され今はないが，「東京物語」で見ることができる。この老夫婦にとって熱海という場所は，"若いもんの来るところじゃ"であり，私とは正反対の意味に捉える。このように，場所の「意味」は，人が置かれている状況によって大きく変わる。

　私は，熱海という場所に「愛着」をいだき続けた結果，それから60年後に，とうとう熱海に住むことになった。住む場所の条件としては，海が見えること，花火が見えること，温泉が家まで引かれていること，駅に歩けることである。熱海と言ったら，なんといっても温泉である。温泉ランキングで，堂々1位（2022年）を占めている。熱海は花火でも有名で，年間10回も開催される。花火ランキングは11位（2022年）である。温泉に入り花火を見るなんて，まさしく，私は楽園に住むことになった。場所の特徴の一つに，「根付く」がある。温泉と花火を楽しみ，來宮神社，初島，熱海城，伊豆山神社，ハーブ＆ローズガーデン，走り湯，熱海梅園，起雲閣，旧日向家熱海別邸などを巡るとともに，新鮮な魚介類，谷崎潤一郎が愛したケーキ，熱海警察署の前のお店で熱海の味かつ丼を食べ，私は熱海という場所に深く根をおろしたのである。

　以上の説明からおわかりのように，個人的な場所は，個人的な「意味」があり，「物質性」をもち，「愛着」が生まれ，「根付く」のである。

第3節　文化地理学における場所

　文化地理学における場所について，見てみよう。文化地理学では，場所は，世界を見て組み立てる「方法」であると考えられる。人びとは，文化的，社会的，経済的，政治的関係性の網の中に位置づけられ，自らのアイデンティティ（帰

属意識）やポジショナリティ（立場性）を形成する。場所は，行為に対する意味形成に役割を果たしている。「誰が」「何を」「どこで：場所」語っているかを見て，世界を組み立てるのである。場所は，学問的な用語としてよりも，むしろ私たちの日常生活で頻繁に使われる。その使用方法の多様さは，場所の意味の豊かさにつながる。たとえば，'彼女は，場所を得た'とか，'彼は，場所をわきまえていない'とかである。

　日本では1950年代後半に，テレビ，洗濯機，冷蔵庫の電化製品が台所に普及した。台所がキッチンとよばれるようになった時代で，'彼女は，キッチンに場所を得た'と言うことになる。いわゆる，「婦人の場所」である（Cresswell, 2014a, 249-251）。私が1980年代にイギリスに留学していたとき，同じフラットに住むイギリス人から，'何でヒロユキは共同キッチンに出てこないのか'と何度も尋ねられたことがあった。私は，'男子厨房に入るべからず'という日本の伝統で，文化的な違いなのだと説明した。しかし，納得は得られず，料理を手伝うようになった。要するに，文化地理学は，キッチンという場所を通じて，世界を組み立てているのである。キッチンという場所の「意味」は，食事の準備と後片づけにおける男女の参加の度合いという夫婦の世界と関係する。キッチンが「婦人の場所」という意味の場所なのか，男女の共同参加という意味の場所なのかということである。そして，キッチンという場所の「意味」は，日本とイギリス，メキシコからの留学生からも注意されたので，さらにメキシコという国の世界を組み立てたのである。当然であるが，女性の社会進出に伴い，男性も家事負担を担う現在では，「婦人の場所」のような言い方は通用しない。

　'彼は，場所をわきまえていない'という用例は，'自分の立場をわきまえていない'ことを意味する。この用例からもわかるように，場所は，社会的，経済的，文化的意味をもつことを示す。これは，広く言えば，場所は「社会階層内の地位」（立場性）と同時に，「地理的位置」を表している。たとえば，'お盆に秋田の奥さんの実家に帰省して，ご両親の前で（どこ），彼（誰）が場所をわきまえない発言（何）をした'場合，場所は，世界を組み立てる方法になっ

たのである。場所は，秋田という位置のほかに，奥さんの実家という位置も関係する。これらよりも，ご両親の前という「位置」＋「社会階層内の地位」が重要な意味をもつ。奥さんの実家のご両親の前という場所の「意味」は，社会階層内の地位から見て，彼はご両親よりも下であるという意味である。このような状況下での場所をわきまえない発言は，世界（ここでは社会）の組み立て方（様相）を，ガラリと変える。翌日からのおかずの数が少なくなるとか，お風呂の順番が最後になるとか，そういうことは起こらないと思うが。

第4節　公共的な場所と占拠運動

「公共的な場所」は，眼を引く大きさ，めずらしい建築形態，英雄の誕生や死，戦役，条約の調印といった高いイメージ性を通して獲得してきた公共性をもっている。交差点や中心点，広場のようなランドマークは，それら自体が何らかの形で周囲から抜きん出た場所であることを主張する。たとえば，銀座四丁目交差点は，服部時計店（和光）の時計塔があり，銀座という商業地の中心の場所になっている。また，パリのエトワール凱旋門は，戦勝のアーチであり，この凱旋門を中心に，シャンゼリゼ通りをはじめ 12 本の通りが放射状に延びており，国家の歴史的な出来事を執り行う場所として機能する。

　公共的な場所は，さまざまな形で利用される。国家や団体は，権力やイデオロギーを主張する場として，公共的な場所を利用する。モスクワの赤の広場での軍事パレードや，サンピエトロ広場での群衆への教皇祝福のような行事は，公共的な場所として権威的な意味を強化する役目を果たす（レルフ，2021，94-97）。それに対し，抗議や抵抗する人たちは，そのような場所が機能しないように占拠するのである。

　2011 年 9 月 17 日に，ニューヨーク市マンハッタンのズコッティ公園で，‘ウォール街を占拠せよ’という占拠運動（オキュパイムーブメント）が始まった。ズコッティ公園は，ブロードウェーのウォール街から 2 ブロック北に位置し，木立とコンクリートのベンチのある広場である。ポンチョ（毛布）と寝袋をもった二，三百人の人

びとが集まり，政治的な抗議のためにこの公園を占拠した。占拠運動の目標は，資本主義経済で生み出された極端な不平等に注目させることである。1 か月の間に，この運動は世界 100 か国以上に広がった。

　世界に広がった占拠運動を受けて，場所の力（パワー）を意図的に利用して，政治的な抗議をするのである。それは，アラブの春を通して，北アフリカと中近東の公共空間を市民が占拠する方法からインスピレーションを得た。この最も顕著な事例は，カイロのタハリール広場に集まった群衆である。典型的な占拠スタイルの抗議は，公共空間を占拠し，半永久的な「抗議の場所」を作ることである。テントから始まり，図書館，保育施設，大学，食事する場所で完成する。

　『New York Times』の記者は，「抗議における場所の力」という記事で，"物理的な場所の政治的力を過小評価するきらいがある。かつては，タハリール広場に現れたが，今はズコッティ公園で起こった。ケント州，天安門広場，ベルリンの壁。私たちは，場所や建造物を利用して，記憶や政治的エネルギーを住まわせている。政治は私たちの良心を悩ませるが，場所は私たちの想像に頻繁に出現する"（New York Times, 2011）。

　ソーシャルメディアの仮想世界では，Facebook や他のアプリを使って，抗議の集会を生み出すことについてたくさん言われてきた。しかし，抗議がしばしば行われる都市地点の具体的世界で，場所が抗議に可視性（視認性）をもたらすことは，あまり言われてこなかった。「場所の重要性」（たとえば，アルゼンチンのブエノスアイレスのマージョ広場の重要性）は，抗議を可視化するために不可欠な存在なのである。

第 5 節　場所の形成

場所は事物を集める

　次に，場所の形成について見てみよう。場所の形成には，いろいろな側面があるが，第一に注目されるのは，「集めること」である。それでは，場所に何

が集められるのであろうか。それらは,「物質性」,「意味」,「実践」である。「集めること」の考えは,地理学,特に地誌学やコログラフィーにおいて,長い伝統の中心にあった。地理学は,「地域的 差 異」（エリアルデファレンティエーション）の研究であり,異なった場所での異なった事物を捉える方法に関わってきた。地理学は,地域的差異の現実を,場所ごとの事物の差異の側面だけでなく,場所ごとの現象の総体的組み合わせの差異の側面からも,説明するのである（Hartshorne, 1939, p.462）。

実証主義地理学では,さまざまな体系的概念を,空間を横切る等値性に基づいて組み立てるのに対し,人文主義地理学では,場所を,事物が一度限り集まるという考えに基づいて組み立てる。この考えは,地理学と歴史学を,特別で基本的な学問として際立たせる。地理学は,事物が場所においていかに一体化して結びついているかを取り扱い,歴史学は,事物が時間的に一致する仕方を解明するのである。

地理学では,場所が'現象'を集める仕方に長い間注目してきたが,近年の研究では,異なった,より哲学的な表現が見い出される。たとえば,哲学者エドワード・ケーシーの場所に対する現象学的アプローチでは,「集めること」の場所の役割を論じている。"場所は,その中に,事物を集めている。場所は,さまざまな生物と非生物の実体を含んでいる。場所は,また,経験,歴史,言語,思想さえも含んでいる。…そこには,記憶,予想,古いこと,新しいこと,親しいもの,なじみのないもの,さらに多くのものすべてが見い出される。…集める力は,場所自身に属している"（Casey, 1996, p.24）。

このように,場所は,事物（物,記憶,感情,話）が集まるところである。これは,外側から事物を描く水平的行為を,すなわち,集まる内側と事物が集められる外側との間の関係を暗示する。この意味で,場所は閉じているよりも,むしろ,開いている。このことは,特定の場所が,特定のものを特定の時間に,なぜ,また,いかに,集めるかという疑問を投げかける。

○物質性
場所は,ある物質的存在をもっている。おそらく,場所を考えるときに最初

に思うことは，場所を構成している事物である。特に，建物や記念碑がこれに当たる。ニューヨークはエンパイヤステートビルをもち，パリはエッフェル塔をもつ。すべての場所は，物質的（個体の，具体的な）景観をもち，魅力的な場合もあれば，そうでない場合もある。

　"マクスウェルストリートに沿った一連のユニークなファサード，そして，看板，歩道のテーブル，行商人，いろいろな商品の寄せ集めから発する色と生活，これらから生じる特徴にもかかわらず，圧倒する数の建物，街路に沿った仮設の露店は荒廃しており，それらの有用性を失うほど長く続いている。したがって，マクスウェルストリート市場の新たな物理的舞台装置が作られるべきであり，おそらく，ショッピングセンターへの移転の提案につながる"（Cresswell, 2014b, p.9）。この市場の最大の印象は，レンガ建築の建物から成り，かつては高級であったが今ではガラクタの住宅街と露店なのである。

○意味

　物質性には，意味が与えられる。意味は，場所の地理分析の中心に常に位置づけられる。場所とは，意味をもった位置である。物，匂い，音，それらすべては，意味の世界の一部を成し，人間は意味の世界を理解しようと試みる。物質は集められ，景観や人工的につくられた物に比べそれ以上のものを含んでいる。たとえば，匂いは，目に見えない刺激を鼻に与え，場所の特徴的部分を形成する。音は，異なった場所を形作るために集められた集合である。場所は，表現の行為を通じ生み出された意味があるため，場所なのである。

　"客引き，詐欺師，大道商人，そして押し売りは，かれらの売り物を叫ぶ。ラジオはブームになり，顧客はさまざまな言葉で交渉する。商品は天幕から垂れ下がり，歩道のスタンドやきしんだ手押し車にまであふれている。行商人がスタンドを立てるために選んだ舗道や歩道は散らかされる。にんにくの刺激臭，焼けるような赤いペッパー，熟れた果実，熟成したチーズ，塩漬けにした魚の強烈な臭い。あらゆるものがブレンドされ，メリーゴーランドの目のくらむ興奮のようである"（Cresswell, 2014b, 10-11）。

○実践

　多くの観察者にとって，実践^{プラクティス}は最も重要な場所の特徴になっている。場所を区別する習慣やリズムの振り付け，場所は，実践を集める。実践から場所を出現させる方法は，予測できないが，ある秩序をもっていることもある。ある実践は，通勤や通学のように時刻表があり規則的で，「公共施設の事業計画」と一致する。それとはまったく反対の実践は，スケートボーダーや抗議デモのように予測ができない。単純化できないような形で，とりとめなく進行する。

　"マクスウェルストリートは,真夜中の 12 時半。二人の若者が，サーカスゲームに使う白いマウスを買うため南イリノイから車でやってきた。私にいつ開くか尋ねる。その後，警官に尋ねる。障がいのある黒人が道の中央でよろめいている。彼は，声を限りにキスしなさいと叫んでいる。ほかの車が彼を避けるために急に向きを変えなければならない。再び，彼は叫ぶ。警官は，10 フィートも離れていないのに，あたかも黒人を見たり聞いたりしなかったように，若者と話を続けている。…市場は低い荒廃した家屋の間に広がっている。その 1 階はあらゆる種類の商店として使われている。道の中央に残されたどの空間も，果てしのない歩行者の流れでにぎやかである。押し寄せる特売品の購入者，疲れ果てた老いた男, カートの背後に立つやつれた女"（Cresswell, 2014b, p.12）。

　"14 番街で, 20 歳代の二人の男によって置かれた小さなカード机は，マジックのトリックや珍しいもので満たされた。これらの男は，六週間だけ実演しており，毎土日のこの時間にやってくる。二人の男は，主な収入源となる他の仕事をもっている。男の一人はマジシャンでもあり，他のグループともしばしば実演する。確かに，若い男の一人が，顧客を立ち止まらせるようなマジックのトリックを実行すると, 活発だった周りの店の販売ペースは低下する"（Cresswell, 2014b, p.12）。

場所は事物を織り込む

　場所の第二の形成は，「織り込むこと^{ウェービィング}」という暗喩を通じて記述されてきた。場所は，織物であり，そこでは世界の糸が結び付けられている。場所の

<ruby>特 殊 性<rt>パティキュラリティ</rt></ruby>は，呼び集められる事物から生じる。

　場所を道具として機能させる最も良い方法は，織機という道具を使ってそれを考えることである。織機と同様に，場所は現実の広範な成分を織り込む手助けを，私たちに対して行う。織機としての場所は，さまざまな領域の横糸と縦糸を織物へと織り込む。主要な成分（糸の材料）は三つの領域から来ている。社会（と倫理性），自然（と実証性），そして文化（と審美性）の領域であり，場所に集められ，織り込まれる。場所は，これらの倫理性と実証性と審美性の領域をまとめて織り込むときに，私たちを手助けする。

　"一つの文，数個の文，一つの段落でマクスウェルストリートを要約することはできない。その騒がしさは，簡潔な言説を拒む。そのみだらなことは，簡単な要約を回避する。マクスウェルは，ユダヤ人街，ゲットー，人種のるつぼとよばれてきた。それは，まったくそうで，それ以上である。低俗で不潔なすべてのものが，そこで見い出される。また，それにも増して，繊細で，高貴で，共感し，寛大である。潔癖な若者，愛らしい少女，無邪気な子どもが鬼ごっこをする。上流階級の高齢者がいる"（Willard Motley Papers）。

場所は事物の集合体

　社会理論家マヌエル・デランダは，「社会の新しい哲学」のなかで，<ruby>集合体<rt>アセンブリッジ</rt></ruby>理論を考察した。彼は，地理学者が認識する身体から国家までの一連のスケールの空間と場所を参照して，集合体を捉えた。デランダは，地理学者ではないが，地理学とそれを超える分野で，20世紀に場所を理論化した。集合体とは，"諸部分の相互作用からその特徴が現れる固有な全体である"（デランダ，2015, p.12；傍点は筆者が付加）と考える。集合体理論では，<ruby>固有<rt>ユニーク</rt></ruby>な全体は，部分の集合体から成り立っていると主張する。これらの部分が結合される方法は，必然性や前もって予定されているものではなく，不確定要素に依存する。個々の部分は移動し，他の集合体の部分になることもある。

　場所や市場，家は，集合体の好例である。たとえば，集合体理論において，わが家は，赤瓦，コンクリートブロック，テラコッタ（茶褐色の）のタイル，

窓ガラス，銅の電線，プラスティックのコンセント，木の床板，綿のカーテン，ステンレスのガスコンロとオーブン，モルタルと接着剤，食べ物，冷蔵庫の上のノートである。このリストは続く。このリストの完全な内容は，わが家を活動させるようにする。これらにより集合体になる仕方は，わが家と，スーパーやサッカースタジアム，あるいは，同じ街路の他の家とを異なるものにする。それはまた，常に変化する集合体である。冷蔵庫の中の食べ物が同じである日は，ほとんどないであろう。漆喰の割れ目は大きくなり，裏庭の雑草は成長する。私は，この集合体の要素を取り出すこともできる。しかし，部分の変化にもかかわらず，集合体は残ったままである。わが家は離散的な事物なのである。集合体は，部分間の関係とこれらの部分を取り扱う事物で作られている。すべての場所は，このように考えることができる。

　デランダの集合体の考えには，二つの軸がある。一つの軸は，全体を構成する部分が果たす役割に関心がある。それは，一方において「表現の役割」，他方において「物質の役割」をもつ軸である。第二の軸は，地理学者によって当然好まれるもので，固有性についての安定の度合，逆に捉えると，不安定性や不明確さ，への関心である。前者は 領 域 化 （テリトリアライゼーション）の過程として，後者は脱 領 域 化 （デテリトリアライゼーション）の過程として参照される。

　もう一度，わが家の集合体に戻るならば，その固有性を安定化させるように働く力がある。これは，財産としての家に関する法律から，家のメンテナンスまでを含む。一方，脱領域化の力は，常にゆっくりと崩れることを意味する。したがって，第一に，領域化の過程は，実際の領域に空間的境界を画定し，明確化する過程（プロセス）である。また領域化は，近隣の内部的同質性を増す非空間的過程にも関わる。空間的境界を不安定化する過程，あるいは，内部的異質性を増す過程は，いずれも脱領域化と見なされる（デランダ，2015，p.24）。

　場所は，外部から事物を集め，したがって，外側の世界との関係を通じて構成される。しかし，事物は場所から逃げ出すこともある。このことから，場所は，日々の基盤において，形成されつつあり，また解体されつつある過程なのである。

"それは，多数の言語で行われる値切り合戦を伴った，バベルの塔への後戻りである。パン屋，露店商人，賭博宿は，街路上の屋台のように押し分けて建つ汚らしい古い建物の窓の敷居に置かれたラジオの音響を超えて，彼らの売り物を叫ぶ。生きた鶏の甲高い鳴き声は，組織化された混乱の騒音に加わる。横道からは，布教活動家の甲高い声が聞こえ，マイクを使い讃美歌が泣き叫ぶ。一人の男が歩道に足を組んで座っている。リズムを変えながら，拡声器のダイヤルを調整している。マクスウェルストリートは，さまざまな匂いに満ちた街路である。ガーリックの強い刺激臭，ホットドックの油のような匂い，絞った果実，古いチーズ，特殊なアロマでブレンドされたピクルスの魚"（Sun Times，1951）。

第6節　場所の関係性の概念

　場所を「垂直軸」と「水平軸」に分けて考えることもできる。場所を自然と人文の世界における事物の固有な集合と見なすことは，根付きや所属といった「垂直軸」に注目している。場所のこのような考え方は，人びとが根付くようになる過程を描いたドイツの哲学者マルティン・ハイデッガーによるものである。「根付き」という意味は，場所に「居る」，建物を建てる，居住することを通じて達成される。ハイデッガーは，黒い森（シュワルツワルト）の丸太小屋に住んで，宇宙や地球を思考した。場所のこのような考え方の中心は，それが固有で特殊であることである。すなわち，「ここ」は「そこ」とは別で，区別されるべきである。場所の位置，場，意味はすべて，物質，意味，実践を固有に集めたこの特異性に関係する。場所は，人びとの歴史や記憶であふれており，幅と深さをもち，それを囲んでいるもの，それを形成しているもの，そこで起きたこと，そこで起きるであろうことと結びついている。

　要するに，場所は，深く根を張り，明確な境界で囲い込み，愛着があり，そして特異な帰属意識をもつところなのである。ドリーン・マッシー（Massey，1993）は，人文主義地理学によるこのような場所を，保守反動的な考え方で

あると指摘した。実際に，明確な境界をもち（イギリス），人種的帰属意識（イギリス人，白人）において深く根差した場所を見ることは可能である。彼女は，その代わり，場所は「関係的」であり，それらの‘内側’によるのと同様に，‘外側’によって多くが構築されていると主張した。場所は，「水平軸」上にも存在し，他の場所と連結しているのである。

　場所の関係性の事例として，彼女は自宅近くの Kilburn High Road（ロンドン）での散歩を示した。“街路を下ると，まずイスラム教の新聞販売があり，ついでサリー店，そして，アイルランドの共和党のポスターのあるアイリッシュ・パブがある。上空にはヒースローから飛び立った飛行機と，ロンドンからの主要道路が角を曲がったすぐそこにある”（Massey，1993，p.65）。

　場所は，残りの世界との連結を通じて存在している。それは，Kilburn において固有な形で集来した「アイルランド」，「帝国」，「イギリス連邦」，「グローバルな資本主義経済」への連結の歴史なのである。彼女にとって，これは，一般的に場所を考える一つのモデルを提供している。すべての場所は，それらの連結によって水平空間内に存在し，ネットワーク内でのそれらの役割は，全球を横切って広がっている。マッシーは，場所を垂直的に考えることから，その連結を通じて関連付けて，場所を水平的に考えることへの変質を記した。場所の概念は，内向的で，保守反動的というよりもむしろ，外向的で，政治的に期待できるものになったのである。このように，狭量な帰属意識というよりもむしろ，相互依存の側面から考えることが，場所の関係性の概念化につながる。

第7節　没場所性と非‐場所

没場所性

　場所は，固有性と意味によって特徴づけられることを示してきたが，今日では，「固有性」は「画一性」（似たような景観がどこまでも続く）に，また私たちが直接経験することによって得られる深い「経験的秩序」は「概念的秩序」（概念的原則や大衆的風潮によって導かれた環境開発）に，置き換えられることに

図 4-4　郊外新興住宅地

よって，場所の特徴がなくなるという「没場所性」が拡大している。没場所性
は，このように意味のある場所を示さなくなった環境を指すが，さらに場所の
もつ意味を認めない潜在的な勢力にも関係する（レルフ，2021，298-299）。

　没場所性は，外見ばかりか雰囲気まで同じような場所にしてしまい，場所の
アイデンティティが弱められ，どれも同じようなあたりさわりのない経験しか
与えなくしてしまう。没場所性を助長するプロセスは，マスコミ，大衆文化，
大企業，強力な中央集権組織が担う経済システムが関わっている。いわゆる，「よ
く似た景観の創出」であり，郊外の大手ディベロッパーによる住宅地開発な
どで見られる（図 4-4）。私が最近特に感じるのは，かつては個性的な商店街
も，全国チェーン店の進出によって，似たような画一的な商店街に変貌してし
まったことである。‘どこを切っても金太郎飴’のように，どの地方に行っても，
東京で見られるような商店が建ち並んでいる商店街になってしまったのである。

　没場所性は，効率を目的とする技術によって，人間的意味を剥奪した場所の
特徴である。それは，場所の特徴や意味に対して，感受性を高めて留意しよう
とせずに，ただ単にその場所にいるということなのである。私たちが，飲食や
ホテルのチェーン店に入った場合，‘注意をひくものは何もない。以前見た経
験があるのに，何も見ていず経験もしていない。’というような表層的な経験
の状態を指す。この場所は，由来も知れない空間と交換可能な環境とに置き換
えられているのである。

　没場所性の極限は，人間が根付く住まいである場所から疎外されることであ

る。住まいは，安全と安心の中心であり，配慮とかかわりの場であり，世界を秩序付ける原点にもなる。この「住まいの喪失」は，世界を見る原点を失うことを意味する。

　没場所性を克服するには，意味のある場所を構築する手法を確立することである。場所への愛着を失わず，本物の場所づくりの能力を鍛え，場所の意味を再生することである。本物の「場所」は，人びとをのびのびと成長させ，自分自身になる（それはものごとの判断において決して自律性を失わない）ための背景である。それは，長い時間をかけて人びとの平凡な営みによってつくられ，愛情によってスケールと意味が付けられ，生活にリズムと指針と楽しみを与えてくれる。

非‐場所

　フランスの人類学者マルク・オジェは，「非‐場所（ノン　プレース）」という概念を提示した。「場所」は，アイデンティティを構築し，関係を結び，歴史をそなえる（物語を創出する）空間であるのに対し，"アイデンティティを構築するとも，関係を結ぶとも，歴史をそなえるとも定義することのできない空間"を「非‐場所」と名づけた（オジェ，2017，104）。このような空間には，"人びとが出会わない空間，人びとが記号や画像でのみ連絡する空間，人びとによって定義されていない規則で相互作用が構造化された空間"がある（Spinney，2007，p.25）。第一の人びとが出会わない空間とは，人びとが"通り抜ける空間とのあいだのある種の距離化である。そうした空間は流通・コミュニケーション・消費の空間であって，そこではいかなる社会的結びつきや社会的感情さえも生み出されることはなく，諸々の孤独が共存している"（メリマン，2015，p.235）のである。

　典型的な「非‐場所」としては，空港，高速道路，テーマパーク，ホテル，デパート，ショッピングセンター，観光空間，バーチャル空間などがあげられる。たとえば，空港では，旅客は多くのテキストやスクリーンやイメージと向かい合い，他の旅客と言葉を交わすことはめったにないために社会関係は不在であり，移動者は孤独な観察者となる。

　こうした空間が，現在あらゆる都市空間に増殖し，人びとの場所の感覚や経験のあり方を組み替えている。この非・場所を，オジェは「場所の喪失」として否定するのではなく，「非・場所の増殖」と捉えている。この非・場所においては，"一過性のアイデンティティに由来する相対的な匿名性は，解放であるとさえ感じられる…身分にふさわしくふるまう必要もなく，地位にあわせてふるまう必要もなく，見た目に気をつける必要もない"（オジェ，2017，p.129）として，場に束縛されず何の属性も必要としない非・空間に対してある種の自由を認めるのである。

　固有の場所の喪失というネガティブな評価を下していたレルフに対し，オジェは，その喪失を嘆くのではなく，非・場所が新たに出現し，そこでの経験に新たな価値を見い出している。つまり，固有の場所が「ない」のではなく，非・場所が「ある」ことの効果をポジティブに描き出そうとするのである（金子，2019，73-74）。

第5章　地　域

第1節　地域の概念

　地理学において，五つの基本的研究テーマに入らないが，重要な中心的概念の一つに，「地域」がある。場所が，空間の中で意味をもった位置（地点）であるのに対し，地域は，空間の中で意味をもった領域と捉えることができる。地域を画定し，記述し，そして説明することは，地表面上の地理的事象を理解する試みにおいて，重要な役割を果たしてきた。そこで地域について，その基本概念と実践的意味を考えてみよう。

　地域の基本的属性としては，次に示す五つがあげられる（高阪，1986，p.9; Montello, 2003）。

1) 地表面：地表面の部分である。
2) 類型化：コンテンツ（属性）に従って類型化される。
3) 空間性：空間的にまとまった存在である。
4) 有界：境界線をもつ。
5) 固有性：唯一の特殊なものである。

　1) から3) は，最も基本的な属性である。地域は，第一に，地理学の研究対象である地表面の部分である。地理学が，人間の生活の場としての地表面を研究することから，その部分の大きさは，下は地域社会から上は大陸までの空

間スケールに広がっている。第二に地域は，生起する事象の特徴に基づいて類型化（カテゴライゼーション）により生み出される。類型化とは共通性を考慮してまとめる作業で，生起する事象（内容（コンテンツ））の特徴に従って，地表面から地域を識別する。この操作は「地域化（リージョナライゼーション）」とよばれ，区分と構築があり，地域区分や地域構築といった地域分類がなされる。第三の空間性とは，空間的に連続し，コンパクトにまと（スペーシャリティ）まった状態を指す。連続性とまとまりのどちらが重要かというと，相互に連結（コンパクトネス）したまとまりの方が大事である。アメリカ合衆国のアラスカ州やハワイ州は本土と不連続であるが，国としてまとまった地域である。

　第四に地域は，有界（バウンディッド）なもので，境界をもつ。地表面を区分したので境界をもつのは当然であるが，国境のように境界が地域に大きな意味をもつ場合があるので，属性にあげられる。第五に地域は，それしかない唯一なもの（固有性（ユニークネス））で，さらに同種類のものと区別される特殊なもの（特殊性（パティキュラリティ））をもつと言われている。

第2節　地域の種類

均一地域

　地理学の多くの教科書では，地域の種類として，「形式地域（フォーマル）」と「機能地域（ファンクショナル）」を論じてきた。形式地域とは，ある一定の形式に従って構築された地域である。このように説明してもなかなか理解が難しいので，非形式地域の例をあげてみよう。これには，アメリカ合衆国のグレートプレーンズや日本の関東や関西がある（高阪，1986，11-13）。グレートプレーンズや関東と関西は，地理学が学問とし構築した地域というよりは，むしろ歴史的に形成されてきた地域である。それに対して，形式地域とは，何かの形式に則って構築した地域なのである。以下では，形式地域の種類を取り上げる。

　第一に，一つ以上の特徴の均一性（ユニフォーミティ）によって区別される「均一（一様）地域（ユニフォーム）」がある。その一例として，ドイツの気候学者ケッペンの気候区分を見てみよう。ケッペンは，気温によって気候を，熱帯，温帯，冷帯，寒帯に区分した。

年間で最寒月平均気温が 18℃以上を「熱帯」，最暖月平均気温が 10℃以上で，かつ最寒月平均気温が－3℃以上か－3℃未満かで，それぞれ「温帯」と「冷帯」，さらに最暖月平均気温が 10℃未満を「寒帯」と四つに区分した。このような方法

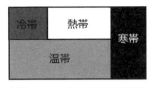

図 5-1　ケッペンの世界気候区分

で地表面を区分すると，図 5-1 のような世界の気候区分図が出来上がる。上記の「特徴の均一性」とは，たとえば，熱帯地域を取り上げると，年間で寒くても 18℃以上はあるという意味で，地域内部の均一性が保たれているのである。

等質地域

　第二に，‘選ばれた事象や傾向が全体に存在する範囲として’画定された「等質（均質）地域」がある。この例として，土壌地域をあげてみよう。高等学校の地理の教科書では，世界の土壌分布図が示され，ラトソルやポドゾル，褐色森林土などの土壌地域に区分している。これは，上記の‘事象が全体に存在する範囲’に相当し，ラトソルの土壌地域では，赤色土壌のラトソルがその地域の地表面全体を覆っている。このような地域としては，ほかに稲作地域や工業地域などがあり，稲作や工業が全体で卓越している範囲を指す。

　「均一地域」の指標が数値という「定量」に基づいているのに対し，事象の存在に基づく地域は，土壌の種類や作物の種類，産業の種類という「定性」に注目し，その等質性により区別されているので「等質地域」とよばれる。

機能地域

　以上が，生起している事象の特徴の均一性や等質性に基づいた地域であるのに対し，「機能地域」は，‘その内部での人や物資による特定の一組の活動や相互作用によって’画定される。

＜機能主義＞

　機能地域の概念の背景となった機能主義について見てみよう。機能主義とは，‘社会を維持するために，それを構成する諸要素の機能や活動，相互関係に着目し，それ

図 5-2　機能地域としての通勤圏

らがどのように関わっているかの観点から社会をとらえようとする立場'である。したがって，機能主義は，機能の活動から，社会を分析するのである。

　機能地域では，焦点とよばれる一つの中央結節点がもつ機能に注目し，何らかの共通の社会的，経済的な目的のために，交易・通信・交通などを通じて，周辺の地域と結びつき，その内部で機能の活動が組織化される。

　典型的な機能の事例は，都市がもつ都市機能である。都市機能には，業務・商業・港湾などの機能があり，それぞれの機能に対し機能地域が形成される。業務の機能を取り上げると，その機能地域のひとつは，通　勤　圏（コミューティングエリア）になる（図5-2）。中央結節点は，その機能の立地点である都心，より正確には中心業務地区（CBD）である。周辺の地域は居住地域で，都心とは「通勤」という交通で結合される。通勤圏が機能する社会の維持活動とは，その日の業務に従事する就業活動に当たる。機能地域の第一の特徴は，通勤圏では就業活動のように，活動が完結していることである。

　機能地域は，都市機能ごとにさまざまな名称をもった圏域（エリア）を形成する。商業では商店街への人の買物による「商　圏」（トレードエリア）が，港湾では港湾へ／からの物資の流通による「後背圏」（ヒンターランド），教育では学校を中心とした「校区」や「通学圏」が，医療では病院を中心とした「医療圏」が形成される。

　機能地域の第二の特徴は，焦点とよばれる中央結節点の「影　響　圏」（インフルエンスエリア）であるということである。中央結節点は，それがもつ機能の量と質で，周囲の中央結節点と競争している。影響圏の境界は，地域にある複数の中央結節点が競争した結果として画定されたものであり，一種の均衡状態を表している。影響圏内にある地域は，その中央結節点の勢力がより強く及んでいるという意味で，「勢力圏」ともよばれる。

結節地域

　もう一つの地域として，「結節地域」がある。この地域を模式的に示すと，図5-3のように矢印で表される有向線分とそれを受け取る結節点（ノード）から成り立っている。結節地域の典型的な事例として，水系網があげられる。線分は河川，結節点は合流地点で，下流に向かうにつれて，支流が次々と本流に合流し，本流は流量を増していく。最終結節点は河口である。水系網で表現される結節地域は，河川が水を集める範囲（すなわち，尾根）を示すことから，集水圏（キャッチメントエリア）を表すことになる。人文地理の事例であると，線分を鉄道路線，結節点を駅，他路線との接続駅や最終の

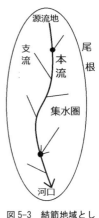

図 5-3　結節地域としての集水圏

ターミナル駅と考える鉄道路線網と鉄道集客圏が結節地域に当たる。

　以上のように，地理学では四種類の形式地域が提示されてきた。事象の属性に基づく地域は「均一地域」と「等質地域」があり，移動に基づく地域は「機能地域」と「結節地域」がある。このような地域の概念がどのような意味をもち，またどんな問題を抱えているかを，次に考察する。

第3節　地域に関わる諸問題

　地域という概念を理論的に考察するとき，さまざまな問題があることが指摘されている。それらは，①思考価値の問題，②実存の問題，③固有性の問題，④政策の問題に分けられる（Cresswell, 2013, 58-60）。以下において，それらの問題点を詳しく見てみよう。

　第一の問題は，地域の特定で特殊な（パティキュラー）事象が，考察される価値があるものとして見なされるかどうかという思考価値の問題である。理論は，事象の個別事例を横断する「一般性」を取り出すことと関わってきた。地域に対する興味では，各地域が固有で，他と異なっている（ディスティンクト）ことに言及する内容であり，固有なことが意外性のある非理論的なものであることを詳述することに喜びを感じてい

る。この問題は，「普遍性」と「特殊性」との間の緊張であり，地理学のみならず，歴史学をはじめ多くの人文学にも当てはまる（樺山，2006）。

　第二の問題は，地域が実際にあるものなのかという実存の問題である。地域は，世の中に実際に存在し，認識されることを待っているものなのか，あるいは，単に社会や地理学の中で，多少とも任意に構築されたものなのかという問題である。言い換えると，地域は，実世界のなかで明確に認識される「実体」（オブジェクト）なのか，それとも，「考え」（アイディア）なのかである。この対立は，「本質主義」と「構築主義」とから捉えることができる。

＜本質主義と構築主義＞

　本質主義（エッセンシャリズム）では，「もの」は一組の特性をもつ客体的実在を有すると考える。事物は，客観的現実であり，それをそのものにする特定の一組の特徴をもつと考える。実体は，そのアイデンティティに必要な特性（本質）をもっているのである。この本質は，永続的で不変であり，しばしば，「自然」の属性として捉えられる。

　それに対し，社会構築主義（コンストラクショニズム）では，「もの」は社会における特定の人びとによって，創案され，作成され，構築されると考える（Cresswell，2013，p.60）。特定の対象は，固有の性質をもつ自然的対象というよりは，特定の社会的配置の産物であるとする。しばしば，本質主義に反対する。

　この二つの立場は，地理学では「地域実在説」と「地域便宜説」とよばれてきた。地域実在説では，地域が実際にあるものととらえ，地域便宜説では，地域という概念を便宜的に用いることで，表面上の地理的事象が理解しやすくなると考える。地域実在説では地域そのものが存在するのに対し，地域便宜説では地域は事象をとらえる「容器」（うつわ）なのである。

　第三の問題は，地域が固有（ユニーク）で，内部が等質であるという考えに基づいていることと関係する。これは，「一般性」を犠牲にして，「固有性」を強調することが，学問の展開につながらず，希望がもてないという批判につながる。また，後述するように，最近の地域の考え方では，地域の内外での相違だけでなく，地域の外部に存在する事象とのさまざまな種類の関係にも着目し，それらの関係がその相違を生み出していると主張する。そして，最近の著しい近代化の進展や

グローバルな資本主義の力によって，以前に見られた地域の固有性や等質性は弱まっていることも論じられている。

　最後の問題は，政策との関係である。地域に関わる政策は，「地域主義」（リージョナリズム）とよばれ，一般に，国家主義（ナショナリズム）と対比される。国家主義は国単位の固有性を主張するのに対し，地域主義は地域単位の固有性を維持する。今日ではさらに進展し，グローバルな資本主義による普遍化の傾向のような「国際主義」に挑戦するため，「抵抗の地理学」として地域が構成される。

第4節　行政地域

　第2節の地域の種類では取り上げなかったが，五つ目の種類として，「行政地域」（アドミニストレイティブ）がある。この地域は，上記の「実在説」対「便宜説」においては，実在している地域に相当する。日常生活にかかわりをもつ最もわかりやすい地域なので，本節で取り上げてみる。

　行政地域の典型的事例は，市区町村，県，国であり，法令によって成立した自治体である。市区町村と県は地域政府（ガバメント）によって，国は国家政府によって，行政的な「管轄地域」を有し，地域の経営管理（マネジメント）がなされている。地域経営の重要な目的の一つは，地域経済を発展させることである。地域経済政策を策定し，地域経済開発部局がその政策を実施する。また，地域管理では，管轄地域内の住民や企業が納めた税金によって，道路・上下水道などの社会基盤を整備・維持・管理する。このように，行政地域は，管轄地域の経営と管理を行う。

　行政地域は，通常は，明確な境界をもっている。この境界は，境界線と言われるように，一次元の線（ライン）として表現される。私が住んでいた東京都豊島区は，まさしく行政地域であり，私は豊島区に住民税を払っていた。地図を見ると，豊島区は，周囲の文京区や新宿区などとの間で明確な区の境界線が引かれ，区界によって分割されている。豊島区の住民は，新型コロナのワクチン接種の郵便物を，必ず豊島区から受け取る。このように，豊島区は実体のある地域として機能している。

図5-4　文京区の境界を示す表示板

　しかし，日常生活で豊島区の区界を認識することはほとんどない。私は，健康維持のためよく散歩に出かける。あるとき，大塚駅からプラタナス通りを南下していたら，歩道がいつの間にか狭く，あまり整備されていないことに気づいた。今までは，歩道をゆったりと散歩できたが，歩道が狭くなったせいか，ひとにぶつからないように注意する必要が出てきた。今まで歩道の中心線にあった黄色の点字ブロックもなくなってしまった。このような歩道環境の相違をもたらした理由は，何であろうか。それは，図5-4に示すように区界の影響である。私は区界を横切り豊島区の管理下にある歩道から，文京区の管理下にある歩道に至り，そこでその差を体験したのである。東京都では，主要道路に，このように区界を示す表示板が設置されていることが多いので，皆さんも行政地域としての区の違いを実体験してみてはどうでしょうか。なお，明治通りでは，新宿区から豊島区に入る境界にある表示板を境に，街灯は暗くなり歩道はデコボコになる。同じ区内でも，場所によって，歩道の整備状況は異なるのである。

　行政地域で，さらに明確な境界をもっているのは国である。国境を通過するには，検問所でパスポートを提示し，入国審査を受けなければならない。国という行政地域の閉鎖性は高く，検問所でしか外国とつながっていない。しかし，国と国との間の国境線が未確定な場合は，国境問題が発生し，国境紛争にもな

る。このように，国という行政地域の境界は最も
正確であるが，境界には常に曖昧さが伴う。国境
の曖昧さは，境界の位置についての国の間での見
解の不一致によるもので，「紛争的曖昧さ」とよ
ばれる。

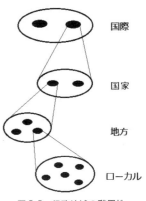

図5-5　行政地域の階層性

　行政地域には，図5-5に示すように空間スケー
ルに従って階層性がある。最上位は国際スケール
である。黒丸は国際的な地域を示し，EUなど超
国家地域である。国家スケールでは，日本とか韓
国とかになる。その下の地方スケールでは，日本
では，北海道，東北，関東，中部，関西，中国，四国，九州・沖縄の八つの地
域が相当する。ローカルスケールは，行政的には，都道府県や市区町村に当たる。
以上では，地域階層性は，四つの階層水準（レベル）で構成されている。なお，
ローカルスケールを，さらに都道府県，市区町村，地区（町・大字）に分ける
ならば，県レベル，都市レベル，コミュニティーレベルのような空間スケール
が加わり，六つの階層水準に分けられる。

　このように，地域は大きなものの部分であると同時に，そのなかに小さな単
位を含んでいるということから，それらの関係はいろいろな形で捉えられてき
た。たとえば，地域は，ロシアの人形マトリョーシカのような存在である。マ
トリョーシカは，上半身と下半身に分けられる人形で，その上下を分割する
とその内部に小さなマトリョーシカがあり，さらにそれを分割するとさらに小
さなマトリョーシカがまた現れるというような「入れ子構造」になっている。
中に入っていた小さなマトリョーシカは「部分」となるが，そのマトリョーシ
カの中にある，より小さなマトリョーシカにとっては，「全体」となる。地域は，
このように「部分」が「全体」になるという入れ子構造として捉えることがで
きる。入れ子構造では，全体は部分に対し，一種の枠組みとしての働きをする。
したがって，武蔵野は郊外といっても，関東地方という枠の中での郊外なので
ある。

　この関係は，内部・間や全体論の二面神としても捉えることができる。全体論では，組織のなかのメンバーは，ヤヌスのように下に向いた顔では自己完結した全体という顔，上を向いた顔では依存的な部分という顔をもつ（稲垣，2010）。階層的秩序の中で，全体と部分という二つの顔をもつ二面的存在は，ホロンとよばれる（ケストラー，1969）。このように考えると，行政地域は，上下二つの顔をもつホロン的存在なのである。

　前記のように，行政地域は，行政を遂行するために画定した地域であった。行政地域を効率的に，あるいは平等に経営管理していくためには，さまざまな考え方がある。一つは，国の権限を強める「国家中心主義」である。それとは反対の考えは，国家政府から地域政府に権限を委譲する「地域主義」である。地域主義では，資本と権力の国家への集中の結果として，「地域的不平等」が生じると考える。地域主義を採用することによって，「地域的自立性」を高めることは，地域の管理権と民主主義を復活させ，経済収益を増やし，愛着感を強めることにつながる。経済的側面だけでなく，文化的側面も重要である。地域の文化遺産を外来文化や文化的グローバリズムから守ることによって，地域文化の混成化や帰属意識の四散を防ぐ必要がある。地域主義は，「地域文化」と「地域的帰属意識」を高め，「地域的愛着」を育むのである（Amin，2004）。

第5節　地域化の方法

機能地域の画定方法

　機能地域は，実際には，どのようにして画定するのであろうか。地域を画定する方法は，「地域化」とよばれ，さまざまな方法が考案されてきた。それでは，市区町村ごとに就業者と通学者（以下，就業者）の通勤・通学（以下，通勤）の移動データ（国勢調査，2015年）を使用して，機能地域である通勤圏を画定してみよう。

　中心都市との結合の強さを見るため，通勤率を「地域の画定指標」として取

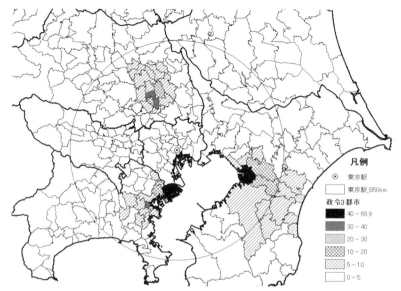

凡例

⊙ 東京駅

▢ 東京駅_B50km

政令3都市

■ 40 - 68.9
▨ 30 - 40
▨ 20 - 30
▨ 10 - 20
▨ 5 - 10
▢ 0 - 5

図5-6a　さいたま市，千葉市，横浜市・川崎市の通勤圏

り上げ，A市の通勤率＝（A市から中心都市への通勤数／A市の常住就業者数）×100，で算出する。通勤率がどれほど高くなると，中心都市の通勤圏に組み込まれるかという「地域の画定基準」は，3％，5％，10％などさまざまな基準が知られている（金本・徳岡，2002）。

　GISを利用して，関東地方の市区町村の通勤率の「階級区分図」を作成してみよう。図5-6aは，通勤率を六階級に区分し，区分に応じ市区町村を陰影表示している。通勤率≧5％の斜線，格線から黒色の地区を通勤圏と考えると，さいたま市の浦和区と大宮区を就業地（中心都市）とする「さいたま通勤圏」は，9区6市から構成され，就業者数は108,114人になる。同じく，千葉市中央区を就業地とする「千葉通勤圏」は，5区5市3町1村から構成され，就業者数は106,476人である。また，横浜市西区と川崎市川崎区を就業地とする「横浜・川崎通勤圏」は，12区で構成され，就業者数は146,105人になる。

　通勤率5％以上の同じ方法で，東京都心5区（千代田区，中央区，港区，新宿区，渋谷区）を就業地として，東京大都市通勤圏を画定してみた（図5-6b）。

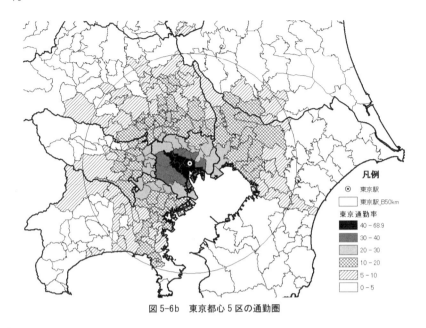

図 5-6b　東京都心 5 区の通勤圏

東京都心 5 区の通勤圏は, 159 の市区町で構成され, その半径は 50km にも達し, 就業者数は 2,924,917 人になった。

　構造とは, いくつかの部分が全体を成り立たせている組立て（配置や関係）を意味する。同様に, 地域が部分を成し, 地域間の配置や関係で, 全体が組み立てられたものを,「地域構造」とよぶ。東京大都市圏は, 関東地方を代表するという「大都市」水準ではなく, むしろ日本を代表する「国家」水準の機能地域と捉えられる。横浜・川崎, さいたま, 千葉の各都市圏は, それぞれの県を代表するという意味で,「県」水準の機能地域である。前掲の図 5-5 に示したように,「国家」-「地方」-「県」という「地域階層構造」の中で, 横浜・川崎, さいたま, 千葉の都市圏は, 東京大都市圏の中に, 二段階格下の水準の通勤圏として組み込まれている。

　このことから, 都心 5 区への通勤者数は, 292 万人にも達するのに対し, 地域中核 3 都市は, 合計しても 36 万人で, その 12.3%にしかすぎない。地域中核都市は, 東京都心部が地震や水害といった自然災害を受けた場合, その受け

皿として整備されたが，東京都心部への流出が激しく，業務機能の集積の小さいままであるというのが現状のようである。なお，2015年時点での全国の就業者（通学者を含む）は6,586万人であった。首都圏の1都3県の就業者は1,815万人（27.6%）で，都心5区の292万人は，全国の16.1%に相当する。

結節地域の画定方法

　次に，結節地域は，どのようにして画定されるのであろうか。河川の集水圏を事例として，GISを使って結節地域を画定してみよう。水は重力に従って低きに流れるから，山の尾根を結ぶ線が，集水圏の境界になる（前掲の図5-3）。

　デジタル標高モデル（DEM）は，5mや10m間隔の格子点における標高データのモデルであり，そのデータを使用して，GIS上に地形を再現することができる。山の尾根線は，周辺より高い格子点を，河川は周辺より低い格子点を連結することで，描かれる。図5-7では，10mDEMで再現した島根県の斐伊川と，その集水圏を，GIS上に表示している。斐伊川は，この地図では，南（下）から北（上）に流下している。

　河川の集水圏は，人々の生活と深く関わってきた。特に古代では，河川交通が重要なことから，河川を中心としたこの集水圏が，人々の生活圏を形成して

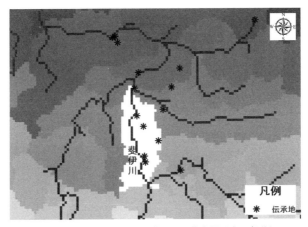

図5-7　DEMで再現された斐伊川と集水圏（白い部分）

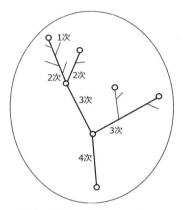

図5-8　集水圏の樹枝状の地域構造：ホートンの次数

いた。出雲のヤマタノオロチ神話の伝承地を集水圏の地図に落としてみると（図5-7の＊印），18の神話伝承地のうち，14の伝承地が斐伊川と支流や下流の集水圏に分布していた（関根・古川・高阪，2016）。集水圏外の四つの伝承地のうち三つは，オロチを退治した後の伝承なので，ヤマタノオロチ神話は，斐伊川集水圏にほぼ収まっており，その流域の神話と見なすことができる。

　このような集水圏では，どのような地域構造が見られるのであろうか。図5-8は，集水圏の地域構造を，河川の次数（ホートンの次数）で示している。最も上流の支流である一次河川同士が合流して，二次河川になる。さらに，二次河川同士が合流し三次河川になる。本図では，四次河川なって河口で海に流れ込む。河川の集水圏は，支流の集水圏が線形に連なる「樹枝状の地域構造」を形成する。その構造は樹木に例えられ，源流地を樹木の先端，河口を樹木の根と見なすことができ，樹枝構造をもっているのである。河川の次数が大きくなるほど，流量が多くなるので，次数に応じた河道幅と深さが必要になる。

　2018年7月の豪雨により，広島県の各地では河川水害に見舞われた。呉市では，野呂川に合流する中畑川で，破堤と越水（河川水が堤防を越えること）により，両岸で水害が発生した。中畑川の右岸は，並走する野呂川の左岸に当たる。野呂川の左岸では，まず中畑川からの越水により一部が浸水し，その後，野呂川の左岸において，溢水（野呂川へ流入できず，行き場を失った水であふれること）が発生した（呉市，2018）。

　この事例からも明らかなように，水害は，樹枝状の地域構造をもつ集水圏全体で制御されなければならない。特に，河川が合流する地点付近では，河川同士の水位水準の関係から，河川水が重力により流下することができない状況が発生することも起こる。図5-9では，支流と本流との間の水位の高低を表して

いる。本流の水位が低いと，支流から本流に水が流れ込めるが，本流の水位が高くなってしまうと，支流から本流に流入できず，支流の集水圏で溢水による水害が発生する。このように，結節地域がもつ樹枝状の地域構造によって，上流での破堤と氾濫は，下流の地域にも甚大な被害を及ぼす。

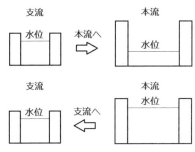

図5-9　支流と本流間の水位と溢水の発生

　鉄道路線網でも，水害で見られた溢水のような現象は起こる。電車で，満員になると，電車が来てもその駅のプラットフォームで待っている乗客は乗車できない。これがひどくなると，駅構内にも入れず，駅の外に乗客が溢れる。鉄道が止まった時などでは，溢水に似た現象が起こるのである。なお，河川の場合は，下流に行くほど水量は増すが，鉄道では途中下車があるので，その点が異なる。

第6節　地域概念の存在理由

　地理学の中で，地域の概念はさまざまな形で利用されてきた。最後に，五つの利用の仕方から地域概念の存在理由を探ってみる。

　「事例地域」とは，一般性に対するローカルな実例を提供する地域である。実例は，原理を例示するだけでなく，その原理が使用できるより広い地域を明らかにする。ミクロな地域を用いた実例がより大きな地域の特徴を示す例として，一つのコーヒー農園（事例地域）のフィールド調査から，ブラジルのコーヒー地帯全体の諸側面を明らかにすることにつなげていくことがあげられる。

　「特異地域」とは，地表面のローカルな部分が一般的言明や関係から外れている状態を示す。たとえば，アメリカ大陸の半分は氷河作用を受けているという一般的状況のもとで，ウイスコンシン南西部では，その作用を受けていない地域（特異地域）が見られる場合である。特異例は，一般モデルを検証しその

限界を明らかにするとともに，再構成するときに重要な役割を果たす。

「類似地域」とは，一つの地域の特徴を，世界のほかの部分における一つ以上の地域に対応させて記述する。たとえば，基準地域として地中海沿岸を取り上げ気候の特徴を考察した場合，その特徴に類似する地域は，北米のカリフォルニアや南米のチリ中央部などでも類似地域としてあげることができる。このように特徴の地域的比較を通じて，類似地域は画定される。

地域は，調節機構として働く場合がある。この場合は，「調節機構としての地域」と見なされる。地域構造は，その中の個々の地域が時間的に振舞う仕方を調節する。雇用，投資，インフレのような国家経済の停滞傾向は，地域的に調整された形で地域経済に影響を与える。たとえば，鉄鋼や自動車産業が集中している地域は特に影響を受けやすく，国家経済の停滞傾向を大幅に上回る経済の後退に結びつく。

地域は，大陸や国を完全に覆い尽くす被覆集合として用いられることがある。これは，「被覆集合としての地域」である。全体的システムを理解するというような複雑性を減じるために，地理学者はより小さくより容易に理解できる部分に分割する。地理学者の「地域」は，歴史学者が設定する「時代」や，図書司書が利用する書物の「分類体系」と対比される。分類できない本がないのと同様に，全体を完全に覆い尽くすように地域を区分することが必要なのである。

第6章　移　動

第1節　移動とは

　地理学は，第1章で示したように，地表面上のさまざまな事象を記述する学問である。地表面上に生起する事象には，建物や道路，地区の境界のように「静的な」事象のほかに，人や物資の移動，河川のように「動的な」事象も見られる。静的な事象は，一般に，時間が経過しても，その位置を変えない「不動な」ものである。従来の地理学の多くの研究が，この静的な事象を対象とし，静的な空間分析を行ってきた。それに対し，動的な事象は，方丈記の冒頭の"ゆく河の流れは絶えずして，しかももとの水にあらず"のように，時間の経過とともにその「位置」を変える水のようなものである。地理学においては，動的な事象は，移動，流動，移動性などの用語で表現されてきた。本章では，このような動的な事象を，実証主義地理学と人文主義地理学の二つの分野でいかに分析するかを見てみよう。

移動する対象

　移動は，さまざまな側面で構成されている。まず，移動対象が何であるかである。地理の教科書では，移動する対象として，人，もの（物資），貨幣，情報が載っている。対象は，自分自身で移動できるかによって，主体と客体の

二つに分かれる。人は主体で，自ら移動できる。もの・貨幣・情報などは，基本的に自ら移動できないので，客体とよばれる。最近では，ロボットなどもいて，ものだけれど自ら移動するので，この区別はだんだん曖昧になってきた。

　また，新型コロナのパンデミックにより，ウイルスや細菌などの疾病原因も，移動するものに入れなければならないだろう。さらに，自然災害の頻発により，河川水や海水，土石や土砂の移動に注意することも重要になってきた。河川水や海水の移動は，大水や津波を引き起こし，水害をもたらす。土石や土砂，火山噴火物の移動は，土石流や火砕流になり，住宅を襲う。

　主体および主体に操作される客体の移動には，移動を行うための「目的」がある。移動目的はさまざまであり，移動する対象が同じ種類でも異なる場合がある。人に関わる移動では，通勤・通学，商談などの会社訪問，買物，旅行，人口移動などの目的に分けられる。旅行でも，海外ツアーの旅行もあれば，お盆休みの旅行もあり，形態はさまざまである。物資に関わる「もの」では，宅配業者による荷物や商品の配送から，商社による食糧の輸出や輸入といった貿易までいろいろな目的がある。なお，主体に操作されていない客体の移動には，目的がない。河川水は，「方丈記」そのもので，流れの目的はない。しかし，台風が近づいて来たので，ダムに貯めた水を放流したときは，河川水を河口まで流下させるという目的が生まれる。

　その目的を達成するために，「目的地」が必要である。その目的地に行って，目的を果たすため何らかの活動を行う。通勤であると仕事，買物では商品やサービスの購入，旅行では観光である。地理学では，移動とは，対象，たとえば，人や「もの」であると，ある目的を達成するため，現在いる「出発地」から目的を果たす「目的地」へ行く空間行動や輸送を指す。

最短経路

　移動の最小単位は，図 6-1a のように表現される。これは，移動に関わる二つの地点を「節点」で，移動は「線分」で表わす。二つの節点は，それぞれ移動の「発節点」と「着節点」になるので，移動は発節点から着節点に向かう

図 6-1a　移動の最小単位の幾何学的表現

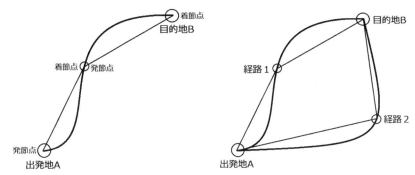

図 6-1b　出発地と目的地間の移動と幾何学的表現　　　図 6-1c　最短経路

「有向線分」として，幾何学的に表現される。具体的には，節点は道路の交差点，線分はそれらを結ぶ道路と考えられる。

　移動は，目的を達成するための空間行動で，出発地と目的地で構成されていた。図 6-1b は，出発地と目的地間の移動を幾何学的に表現している。出発地 A から目的地 B への実際の移動は，太線で表される。しかしデジタル地図では，簡略化のため，この移動は二本の有向線分で表現される。図 6-1c では，出発地 A から目的地 B へ行くのに，二つの「経路」があることを示す。いずれの経路も，二つの線分で構成されている。各経路を構成する二つの線分長の合計値を比較して，短い方が「最短経路」になる。

　移動の原理には，アメリカの言語学者ジョージ・ジプフの「最小努力の原則」が適用できる。あらゆる人間の行動は，最も抵抗の少ない道を選ぶということである。距離の側面に注目すると「最短」，時間だと「最速」，費用だと「最低」の経路が選択される。一般に，距離が長くなるほど，それに比例して時間や費用もかかるので，経路の選択は，基本的に距離で行われる。その場合，上記のような「最短経路」が次々と探索される。しかし，渋滞が起こる場合には，距離ではなく時間に注目し，「最速経路」を探索する。

　経済の高速化が求められる今日にあっては，いかに仕事を迅速に処理するかという効率性が追及される。移動に関し，現代の社会が掲げる目標の一つは，'長距離をいかに速く'移動するかということである。実証主義地理学では，このように，'移動の効率化を目指す'研究が行われている。

移動の交通様式

　主体である人は，足を使って，徒歩やランニングの様式で移動する。客体である「もの」は，人が運ぶか，自転車，オートバイ，自動車，バス，鉄道，船舶，飛行機などの「交通様式」（手段）を使って輸送される。情報は，昔は，郵便や電話で伝えたが，今日では，メールやデータ通信で，コンピュータや携帯などの通信機器を使って伝達する。コンピュータや携帯は，仮想空間を動き回る交通様式と捉えるのである。大水や津波，土石流や火砕流では，何が原因で移動が起こるのであろうか。移動発生の原因のひとつは，重力である。水や土石は，高いところから低いところに移動するのである。

　移動には，距離，自然地理，国境などさまざまな阻害要因があり，空間的に考察する必要がある。自然地理とは，河川や高度差のある地形などで，国境とともに，自由な移動を阻害する。移動に対する距離の阻害は，図 6-2 で説明される（Rodrigue, 2020）。出発地 A から目的地 B への移動に対し，交通様式別に距離がどのように作用するかを示している。一定の時間 t の間に，徒歩では，距離 D（W）まで移動できた。それに対し，自転車と自動車では，それぞれ，距離 D（C）と D（D）まで到達する。

　同じ地点から出発し，同じ空間（交通条件の地域）を移動するが，このように交通様式によって移動できる距離が変わるのは，どのように考えればよいのであろうか。地理学では，空間は，移動に対し「距離抵抗」とよばれる阻害要因として働くと考える。交通様式は，距離抵抗を克服する手段であり，徒歩では距離抵抗に逆らう能力が低く，一定時間に長距離を移動することはできない。それに対し，自動車ではその能力が高く，長距離の移動が可能になると考える。一般に，人が歩く速さは，時速 4 km と言われている。自転車は 15km，

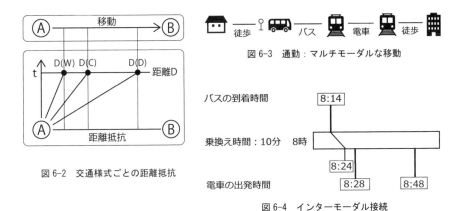

図 6-3　通勤：マルチモーダルな移動

図 6-2　交通様式ごとの距離抵抗

図 6-4　インターモーダル接続

自動車は都市部で 20km である。このような交通様式ごとの平均時速は，交通様式が有する距離抵抗に逆らう能力と考えることができる。

　私たちは，移動する場合に，いくつもの交通様式を使うことがある。たとえば，通勤を考えてみよう。図 6-3 に示すように，家から歩いてバス停留所まで行き，バスに乗って駅で降り，電車で通勤地の最寄駅まで行き，徒歩で勤め先に向かう場合である。このような移動は，多数の交通様式を使うので，「マルチモーダルな移動」とよばれる。マルチモーダルな移動で問題なのは，交通様式間のインターモーダルな接続関係である。

　図 6-4 は，駅でのバスから電車への「インターモーダル接続」を表している。「乗り換え」に関わる時間は，バスの「到着時間」，電車への「乗換え時間」，「待ち時間」，電車の「出発時間」である。待ち時間を少なくするためには，バスと電車の時刻表が必要となる。この事例では，電車の待ち時間は 4 分である。もし，バスが 10 分遅れてしまったら，20 分後にある次の電車に乗ることになる。都市間や都市内の移動では，このように公共交通機関を使ったマルチモーダルな移動となり，移動の効率性を高めるには，時刻表に基づいたインターモーダル接続を良くすることが重要である（関根，2018，104-107）。

第2節　移動空間

四種類の移動空間

　移動をモデル化することは，移動「対象」をモデル化するだけでなく，それらが移動している「空間」も等しくモデル化しなければならない。図6-5に示すように，四つの基本的な「移動空間」が知られている（Gudmundsson, *et al*., 2012, 727-729）。

　最も単純な空間は，二次元ユークリッド空間としてのモデルである（図6-5a）。移動対象は，横軸が x，縦軸が y の二次元直交座標系の中で，自由に動き回ることができるが，建物 b_1 や b_2 のように障害物がある場合は，移動の制限を受ける。対象の移動は，時間を通じて訪れる一組の位置としてモデル化される。実際の移動は，滑らかな曲線になるが，単純化のため，知られている位置（フィックスとよばれる）間の移動は，連結子（コネクタ）の直線を用いてモデル化される。このような移動の跡は，軌跡（トラジェクトリー）とよばれる。移動の軌跡は，正式には，「タイムスタンプ（時刻印）」付きの位置の数列，(x, y) T_1, …, (x, y) T_t として定義される。ただし，T_1, …, T_t は，連続したタイムスタンプである。時間が早いもの順に位置を結ぶと，対象の移動の軌跡が生成される。

　二次元空間内の移動に，時間を組み込み，三次元空間を使用することで，視覚的に洗練された移動空間が生成される。x軸と y軸の二つの空間次元と，垂直に交わる時間軸 t を組み合わせ，「時空間キューブ」を構成する（図6-5b）。この立方体は，時空間アクアリウム（水槽）ともよばれ，地理学者トルステン・ヘーゲルストランドの「時間地理学」の基本的概念になった。移動対象（人）e_3 は，フィックスとよばれる地点 A（たとえば，家）に，時間 t_1 から t_2 まで移動しないで留まる。「等時円錐体」とは，時間 t_2 から t_3 の間に最高速度で移動できる体積を示す。その時間内に移動可能な範囲は，x-y平面上に投影された灰色の圏域である。

　人の移動は，ある形式のネットワークに制限される。たとえば，都市地域で

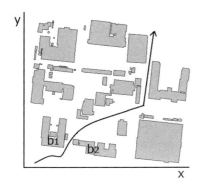

図 6-5a　移動空間：二次元ユークリッド空間

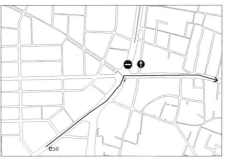

図 6-5c　移動空間：道路網空間

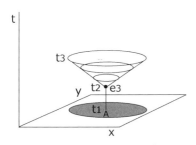

図 6-5b　移動空間：時空間キューブと等時
円錐体

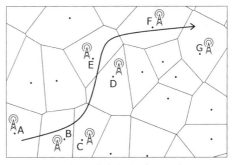

図 6-5d　移動空間：携帯電話の追跡と不規則テッセ
レーション

通勤者の移動を追跡する場合は，道路や鉄道の交通ネットワークで，通過する
線分と節点の進行としてモデル化される。図 6-5c は，道路網空間を利用した
対象 e_{10} の移動を描いている。実際の移動が，GPS などの追跡機器で監視され，
地図上の道路から外れても，その移動は交通ネットワークに制限されているとい
う意味に捉えられる。マップマッチングとは，不正確なフィックスを，地図
データを使って最適と思われる線分や節点に補正する処理過程である。

　最後に，携帯電話の追跡では，移動は，携帯電話をつなげている携帯電話中
継塔の連なりで追跡する。たとえば，図 6-5d では，対象 e_{11} は，携帯電話中
継塔 A，B，C，D，E，F，G につながっていた。この形式の移動情報は，中
継塔を結ぶ垂直二等分線で構成される不規則テッセレーションを通過したかど
うかということだけで，正確な位置を提供しないが，多くの応用分野の仕事で

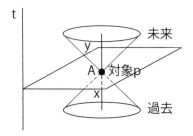

図 6-6a　位置 A にある対象 p の過去と未来

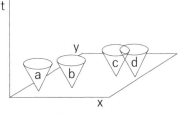

図 6-6b　影響を受けない対象 a と b と，
影響しあう対象 c と d

は，漫然とした追跡で十分なのである。

時空間キューブの応用

　x と y の二つの直交座標軸で定まる二次元平面空間に，垂直な時間軸 t を組み込んだ「時空間キューブ」は，「移動対象」を捉えるために，さまざまな分野で応用されている。図 6-6a は，位置 A にある対象 p の過去と未来の移動範囲を時空間キューブで表示している。対象 p は，現在（t=0）は，x・y 平面上の位置 A にいる。この平面より下の等時円錐体（コーン）は，対象 p が過去に最高速度で移動できた範囲（到達可能範囲）を示す。この平面より上の円錐体は，対象 p の未来の到達可能範囲を表す。このように対象の移動空間を示す円錐体は，過去，未来，そしてどこかの位置と，時空間キューブを三つに分割する。

　この円錐体は，何を意味しているのであろうか。この円錐体は，時空間関係に対する基礎的なモデルになる。対象 p の円錐体は，対象 p の未来の影響力（influence ability）の範囲を表しているのである（Malek, *et al.*, 2007）。図 6-6b の対象 a と b では円錐体が離れて存在し，重なっていない。したがって，二つの対象は相互に影響を受けないのである。それに対し対象 c と d では，円錐体が一部重なっている。この重複部分では，将来，二つの対象は相互に影響しあう可能性があることを示す。人と人の出会いならば良いが，車同士であると衝突になる。実際に，この円錐体モデルは，衝突事故の予測に使われている。

　円錐体モデルのもう一つの応用分野は，スポーツのコーチング問題である

(Zentai and Guszlev, 2007)。たとえ
ば，サッカーの場合，サッカーボール
と選手のスパイクに位置情報タグを組
み込む。モバイル GIS は，サッカーボー
ルと選手の三次元座標値をリアルタイ
ムで受信し，位置と距離を分析する。レ
フェリーに対しては，たとえば，ペナル

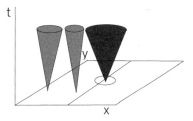

図6-7　サッカー場での相手方（黒）と味方
（灰色）選手の布陣

ティーキックでの守備壁とボール間の距離測定で役に立つ。チーム編成は，ど
のようなチームコーチングでも重要な仕事である。選手は，推定された速度と
位置に基づいた円錐体で，モデル化される。図 6-7 はサッカー場を表し，味方
の選手が二名，相手方の選手が一名の布陣である。相手方の選手は，味方に比
べ足が速いので，円錐体の体積が大きくなっている。ディフェンスの場合では，
相手方の選手の円錐体との重複部分が多い選手ほど，ディフェンス能力が高い
と評価される。一方，円錐体との重複部分が少ない選手は，試合中でも交代さ
せられる。また，円錐体モデルは，選手の長所や欠点を可視化したり，技術や
戦術のトレーニングにも役立つ。

　時空間キューブの地理学での応用は，時間地理学として発展した。図 6-8a で
は，対象 e_3 は，時間 t_1 までは地点 A の家にいなければならず，また t_2 には家
に戻ってこなければならない。時間 t_1 から t_2 の間の到達可能範囲は，二つの
等時円錐体を底辺で合わせた「時空間プリズム」で表現される。x‐y 平面（地図）

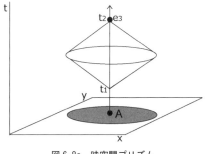

図 6-8a　時空間プリズム

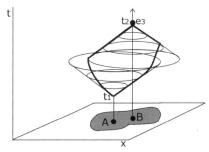

図 6-8b　時空間プリズム内の移動

上に時空間プリズムを投影すると，到達可能範囲は家を中心とした灰色の円形で示される。対象 e_3 の移動目的が買物であり，この円形内の店舗に行くならば，t_2 までに家に戻って来られるのである。なお，この円形の円周に近い店舗ほど，買物時間は少なくなる。

　図 6-8b では，対象 e_3 は，時間 t_1 までは，地点 A の家にいる。地点 B は職場で時間 t_2 に行かなければならない。時間 t_1 から t_2 の間の到達可能範囲は，家と職場を頂点とする二つの等時円錐体の重複部分になる（図 6-8b の太線の部分）。この重複部分を，x－y 平面上に投影すると，灰色の地域になり，通勤時には，この地域内の店舗で買物ができる。

　時空間キューブの応用において，事故やコーチング問題では，移動対象の等時円錐体を影響力の及ぶ範囲と捉えていた。それに対し地理学では，等時円錐体を，利用可能な施設の範囲と考える点が大きく異なる。

第 3 節　移動の通過量

　地理学では，移動を，どのように捉えているのであろか。一つの方法は，上記のように，移動する一個の対象を追跡する。そして，その移動の動きの全容を捉えようとするのである。もう一つの方法は，地点を観測点として，そこを通過する移動対象の数量を計測することが行われる。たとえば，車両では道路に面した地点の通過数，河川では観測地点の水量が，貿易では国の間の貿易量が計測される。

　図 6-9a は，茨城県神栖市の堀割川交差点周辺の車両通過数計測地点を示している。堀割川交差点は，南北に国道（124 号）が，東西に県道（256 号）が通過する。国道は，北に向かう下り車線の「堀割川北」で，県道は西に向かう車線の「堀割川西」で，2021 年 11 月 5 日（金曜日）の 1 日間の 1 時間ごとに集計された車両通過数を，以下では分析する。なお，車両通過数は，道路に設置された車両感知器で計測された「断面交通量情報」に基づいている（日本道路情報交通センター，2021 年 11 月）。

図 6-9a　車両通過量の二箇所の計測地点

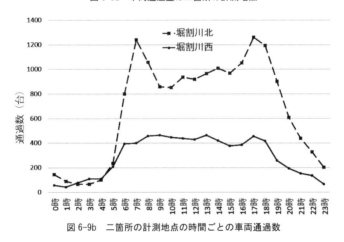

図 6-9b　二箇所の計測地点の時間ごとの車両通過数

図 6-9b は，この二箇所の計測地点の時間ごとの車両通過数を，折れ線グラフで示している。二つのグラフを比較して明らかになることは，まず「堀割川北」の国道の方が，「堀割川西」の県道より，圧倒的に通過数が多いことである。通過総数を比べると，国道の 16,295 台に対し，県道は 6,961 台で，国道が 2.3 倍も多い。次に，「堀割川北」の国道では，朝の 7 時台と夕方の 17 時台に，1,200 台の二つのピークがある。これは，平日の移動データであることから，朝夕の通勤に係る車によるものと考えられる。「堀割川西」の県道では，このようなピークは顕著に見られないので，国道は通勤に使われるが，県道は使われていないことがわかる。

　このような移動の通過量は，何を意味しているのであろうか。これは，場

所に対し，移動対象が向かって来て，去っていくことを意味する。「堀割川北」の地点であると，昼の 12 時台に 900 台の車が，前面の国道を通過する。「堀割川西」の地点だと，同じ時間帯に 400 台の車が，前面の県道を通過する。もし私が，店舗の立地を決める担当者であったら，国道の方が 2 倍以上車両（顧客）が通過するので，県道より国道に面した用地を確保するであろう。さらに，国道と県道が交わる「堀割川交差点」の角地では，合わせて 1,300 台が通過するので，そこが空いているかも調べる。

　第 4 章第 6 節で見たように，場所は内向的であった。移動は，このような内向な場所に対し，外部から営力を与えるのである。ここで重要なのは，場所にとって，どんな対象が向かって来るかということである。場所に店舗用地という意味を与えるならば，向かって来る対象が車の場合，外部から顧客というプラスの営力を受ける。住宅用地の場合には，逆に，向かって来る車の騒音や排気ガスがマイナスに作用する場合も起こるであろう。さらに。移動する対象が，河川水であると，通過量の急激な上昇は，水害につながる。要するに，移動は，内向な場所にとって，その特徴を変える力をもたらすということである。その力がプラスに働くかマイナスに働くかは，場所のもつ意味と移動対象の属性による。

第4節　移動性

移動性の新たなパラダイム

　地理学の五つの研究テーマの一つである「移動」において，21 世紀に入り，「移動性（モビリティ）」の概念が注目を集めるようになった。その背景には，今日の社会が，高い移動性で成立しているからである。たとえば，私たちは，海外観光ツアーに申し込むと，海外のいろいろな場所を，短期間で巡ることができる。イタリアツアーであると，ナポリ，ローマ，フィレンチェ，ミラノ，ベネティアを一週間で巡る。私たちがこのように移動性の高い海外観光ツアーを体験できるのは，国際交通と国内交通とが結合し，高度に発達した結果もたらされたのである。

　また，21 世紀に入ってからは，世界中のコンピュータがインターネットで繋がり，コンピュータや携帯から，文章・画像・映像・音楽・データにアクセスすることができるようになった。インターネット上で，ウェブサイトを次々と閲覧して回わり，瞬間的時間で情報を入手したり伝達したりできる能力は，仮想的な移動性とよばれている。地理的に移動をせずに，仮想空間内をどこにでも行けるようになった。

　このことから，私たちは，世界が人・もの・貨幣・情報の高い移動性で構成され，それらすべてが絡み合っていることを前提として，移動を研究しなければならない。そのため，人文主義地理学では，2000 年代に入ると，「移動性の新たなパラダイム」や「移動性の転回（ターン）」の名の下で，移動性の研究が進展した。

　地理学で，「移動性」とは，空間（や距離）を克服する能力を指す。逆の言葉は「不動性」で，空間を克服する能力が欠如した状態である。それに対し，社会学では，社会的な地位を変えることができる度合いを指す。移動性の高い社会とは，地理学では，目的地に容易に到達できる社会で，社会学では，異なる社会階層へ移動がしやすい社会なのである。

　移動に対する最も典型的な事例としては，人の地点間での動きをあげることができる。具体的には，地点 A から地点 B への人の移動は，前にも示したが，地点 A と地点 B を結ぶ直線で表される（図 6-10 の上図）。この直線は，ある場所からほかの場所への行程を示す。この行程の基本情報は，距離・方向・所要時間・経路・速度などになる。さらに，この直線を説明するには，出発地と目的地の相対的価値，押し-引き要因が必要になる。このように，実証主義地理学者の間では，移動は，人やものなどの 変 位 （位置の変化）を伴う行為に対する「分析概念」であり，絶対空間内における一つの機能として見なされた。GIS を利用して，地点 A と地点 B を地図上に表示し，それらの経緯度から移動距離を測定してきた。

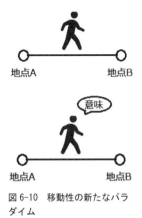

図 6-10　移動性の新たなパラダイム

　第4章第1節で説明したように，実証主義地理学が，近代自然科学の方法に基づき，事実を根拠とし，観察や実験によって実際に検証できる知識だけを認めようとするアプローチをとるのに対し，人文主義地理学では，人間性に中心を置いたアプローチをとり，特定の景観への感情的つながりや，特有の世界観で場所を理解するというように，生きた人間としての側面を重視する地理学であった。新たなパラダイムとしての移動性の研究では，地点Aから地点Bへの移動を，社会的に作られた「移動性」と解釈する。人文主義地理学者は，移動者が，移動に対し現実に思念している「意味」を，本人の内側に立ち入って理解しようと努める。新たな移動性の研究では，移動に対し，「意味」が吹き込まれたのである（図6-10の下図）。その結果，移動は，生き生きとしたものになり，その行程の質感や前後関係も描かれる。その行程で，どのような体験をしたとか，その体験を形作った裏側にはどんな政策がとられ，どのような力が働いているのか，その体験を有意義なものにするにはどうしたらよいかなど，移動者を取り囲む社会・経済・文化的関係の中での現象として捉えるのである（Cook, 2018）。

移動性と地域

　地理学では，地域を，固定し閉じた境界をもつ空間として扱ってきた。たとえば，国家は，国境とよばれるは固定した，閉ざされた境界で囲まれた国土で成り立っている。新たな移動性の概念で見ると，この国家という地域は，動的な存在として理解されるようになる。新たな移動性の概念では，すべての人，すべてのものが，空間スケールや，速度，方向などで異なるが，移動していることを前提とする。「係留地（ムアリング）」とは，移動が静まる場所で，空港は，移動性の研究でよく引き合いに出される係留地である。

　係留地としての空港では，乗客・手荷物・貨物・お金などの人やものが国内から集まり，そこを通過して，海外に移動していく。いま，人に注目すると，その移動性は，アイデンティティや権力といった特徴と関係し，人ごとに異なる。人のアイデンティティとは，その人が何者なのかを指す。入国審査のゲー

トでは，国籍によって，審査の時間が異なる。自国民は，入国審査のゲートを
すぐに通過できるが，外国人は審査に時間がかかる。

　外国人の中でも，いろいろな旅行者がいる。まず，ビジネス関係の旅行者で
ある。2009 年のアメリカ映画の「マイレージ，マイライフ」は，この種の旅
行者の心情を巧みに描いている (Adey, 2014, 791-794)。ジョージ・クルーニー
が演じるライアン・ビンガムの仕事は，リストラ対象者に解雇を通告すること
で，年間 322 日も飛行機で出張する。'バックパックに入らない荷物は背負わ
ない' を人生のモットーとする彼は，夢の 1,000 万マイル達成を目指し，しが
らみから自由な生き方を楽しんでいる。彼は，たくさん移動する（よく働く）
ためには，身軽でいることが大事で，面倒な人間関係は背負わないことを信条
としている。彼は身軽に動き続ける（言い換えると，移動性が高い）人生に，
誇りをもっているのである。

　ビンガムのようなビジネスエリートにとって，国境は，難なく通過できる境
界線になっている（図 6-11 の上図）。入国審査のゲートでは，移動はスムーズ
で，うなずき，ほほ笑み，挨拶し，敷物を敷いたゆったりした通路を音もなく
歩く。彼はファーストクラスのラウンジでくつろぎ，順番待ちが優先され，特
別なゲートを通じて，最初に搭乗する。

　この逆の事例は，海外からの移民である。
入国審査のゲートでは，移民に対しては，一
番厳しい審査が行われ，ゲートでは済まず，
別室に連れていかれることもある。2004 年
のアメリカ映画の「ターミナル」では，ト
ム・ハンクス演じるビクター・ナボルスキー
は，ニューヨークの JFK 国際空港に降り立
つ。しかし，入国手続きの直前に祖国でクー
デターが起こり，パスポートが無効になって
しまい，アメリカへの入国を拒否される。こ
のような移民にとって，国境は，高くそびえ

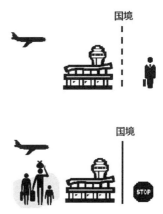

図 6-11　国境の動的変化：ビジネス
エリート（上図）と移民（下図）

立った境界線で（図 6-11 の下図），入国できない場合もある。

　新たな移動性の概念では，旅行者のアイデンティティ（何者か）によって，国家という地域の閉鎖性は動的に変化し，国境をたやすく通過できたり，閉じられたままであったりするのである。地理学の主要概念は，場所や地域のように，不動的な概念で捉えられてきたのに対し，新たな移動性の概念では，人のアイデンティティや権力の特徴から，場所や地域を動的な理解に引き合わせた。

第 5 節　移動の価値観の変化

　アメリカ映画「マイレージ，マイライフ」は，‘長く多く’という移動の総距離の最大化を競う世界であった。しかし最近では，こんなことをしていたら，地球がもたないという持続可能な 発　展 の考えが重要視されている。「国連・気候変動に関する政府間パネル（IPCC）」の最も新しい報告書（2022 年 4 月）では，産業革命以降の気温上昇の「1.5℃抑制」を達成するために，「世界の温室効果ガス排出量のピークを，遅くとも 2025 年以前にする必要がある」ことを公表した（IPCC, 2022）。2025 年と言えば，もう目前である。まさしく，喫緊の課題なのである。

　それでは，温室効果ガスの排出量を減らすには，どうしたらよいのであろうか。日本の温室効果ガス排出量の 91.2％は CO_2 が占めるので，CO_2 を減らせばよい。CO_2 の排出量を部門別に見ると（2018 年度確報値），産業部門から 38％と最も多く，次いで運輸部門が 20％，業務その他部門 19％，家庭部門 15％となっている（経済産業省）。CO_2 を減らす方法は，いろいろ考えられているが，一つの方法として，運輸部門からの CO_2 の排出量が少なくなる都市計画が，欧米で提案されている。これは，CO_2 を発生するような「移動」をできるだけ減らすように計画された「持続可能な都市」である（関根，2008, 74-79）。

トリップ長の短縮化とトリップ数の削減

　持続可能な都市に対する交通政策は，「トリップ長」を短くすることである。このためには，できるだけ施設を地元に立地させるという「施設の立地計画」をとる。そして，地元において就業とサービスの自足性を高めることにより，トリップ長はローカル水準になり，短縮化される。今までは，トリップ長は都市水準や地域水準で長かったのである。これを実現するためには，中心地階層性の中で，地区や近隣水準の中心地を定義し，育生を図ることである（野嶋，2010）。また，集落パターンは，分散よりも密集した（コンパクトな）配置にすることである。建物や人口などの平均密度も，一般的に高めるように計画する。人びとが集住すると，上下水道，ガス，電気，道路などのライフラインも短縮化でき，地球環境にやさしくなる。

　持続可能な都市に対するもう一つの交通政策は，車両当りの「トリップ数」を減らすことである。これは，住宅地区，商業地区，業務地区といった土地利用を単一化するという土地利用の「分離」に基づく「土地利用計画」ではなく，土地利用の「混合」を進め，人びとが多目的トリップをできるような状態を作ることを目指す。

自家用車から徒歩へ

　自家用車の利用を減らすことは，持続可能な都市計画の重要な目標である。日本では，自家用自動車（マイカーと社用車）は，温室効果ガス排出量の 8.4％ を占めている（2018 年度確報値）。政策は，自家用車の運転者が公共交通に切り替える機会を長期的に提供しながら，この変化を助長させることを目指す。自家用車を利用すると，トリップは一般に長くなる傾向がある。これはおもに，ガソリンの価格が低く抑えられているためであり，また，道路投資が移動時間を減らすように働くためである。

　したがって，政策目標は，移動時間の節約を基準とした道路改良計画を基礎に置くことをやめることである。また，自家用車の利用に基づいて，人口密度や施設の立地パターンを計画することを止めさせることである。ベッドタウン

としての町や村の拡大を防ぐとともに，規制，課税，自粛，あるいは，主要な交通発生源における駐車場の制限などを通じて，自家用車の利用を抑止する。そして，自家用車に代わる交通手段をより魅力的で安全なものにするのである。現在では公共交通は，多くのトリップに対し不十分なサービスしか提供していない。喫緊の課題である「1.5℃抑制」を達成するためには，多くの地域で，自家用車の利用を止めて，その代わり公共交通の利用を2倍から3倍に増やす必要がある。また，公共交通路線に沿って，店舗やオフィス，住宅開発を線状に集中させる。

このように言っても，自家用車を手放すことは無理であると思う人が多いであろう。しかし，少なくとも，目指す基本的方向だけは記憶に留めておく必要がある。そして，それができるようになったときに，実行に移せばよい。徒歩は，地元でのトリップに対し最も多くを占める移動手段として存続させるのである。施設と就業機会からできるだけ歩行距離圏内に家を確保するとともに，歩道や自転車用道路は，安全性，利便性，審美性などの質的側面で改善させる必要がある。

私は，大学の定年退職を機会に，今では勤め先に歩いて通っている。したがって，持続可能な都市の住人として，通勤に温室効果ガスを出さない義務を果たしているのである。山手線の内側で標高が30mと一番高いところに居住している。勤め先は，家から3.7km離れた標高20mのところにある。行きは下りであるが，帰りは上り坂になる。歩くことは健康に良いので，持続可能な都市は，「健康都市」でもある。

移動は，'長く多く'であったものが，'短く少なく'の総距離の最小化を目指す世界に変わりつつある。近年は脱炭素の観点から飛行機の利用が「飛び恥」（フライトシェイム）とよばれ，移動時に飛行機を避ける運動も世界で起きている（加藤，2022）。'飛行機に乗るのはもはや「恥」'という考えが出始めている。同じことは自家用車についても言えるかもしれない。今日，「移動」の価値観が大きく揺らいでいるのである。

第7章　自然と社会の関係

第1節　自然と社会の関係

　地理学の基本的な研究テーマの一つに，「自然と社会の関係」がある。地理学が，「自然と社会の関係」をどのように研究してきたかを論じるとともに，現在の地理学でその関係をどのように捉えているかを考察する。

　19世紀後半の近代地理学では，大学でのほかの学問との分業の中で，いかにして地理学の存在が認められるかが大きな課題であった。たとえば，イギリスの地理学者ハルフォード・ジョン・マッキンダーは，1887年1月31日（月曜日）の夜に，ロンドンの王立地理学協会で「地理学の研究範囲と方法について」を講演した。地理学は，大学の学問の中で"最大の空白部分の一つである自然科学と人文研究の隔たりに，橋渡しをすることができる"として，"社会における人間とその環境との相互作用を究明する科学"として，地理学を定義した（Castree, 2011, p.288）。同じような考えは，アメリカの地形学者デービス，フランスのブラーシュ，ドイツのラッツェルなど同時代を代表する地理学者ももっていた。

　この考えは，自然と社会を一つの概念的傘下に保持する試みであり，「地理的実験」とよばれ，二つの側面が存在する。第一は，自然を一組の個別な部分としてではなく，全体として研究することである。化学，物理学，生物学など

の学問は，自然界の要素を選択し研究するのに対し，地理学はそれらすべての要素を組み合わせて研究するのである。言い換えると，自然をひとつの統合された多面的体系として研究する。第二は，自然と人間社会を二方向の関係から研究することである。研究される自然は，経済，文化，政治の人間活動の基盤を形成するとともに，それらによって影響を受けると捉える。

たとえば，フランスの地理学者ヴィダル・ドゥ・ラ・ブラーシュは，場所が人間と社会の各種要素の集合によって成立するのではなく，「地的統一」という用語を用いて，全体としての統一作用により成立していると考えた。"自然の諸現象はすべて給合の形であらわれるものである。…樹木・下生え植物・菌類およびこれらに密接に結びついて生活する昆虫・白蟻・蛾などの諸生物が共棲している森林とか，岩の裂け目にたまった塵をめぐって生活する苔・草木・昆虫などの…諸生物は同一の空間に適応して「共通の制服」を着る様になる。地的統一はこうして諸現象の関連によって成立するのである"（松田，1959，p.428）。

図7-1は，自然界を構成する要素の「地理的関連（ジオグラフィカルアソシエーション）」を表している。自然地理学では，自然を，地形，水文，生物，気候に分ける。これらの要素は，地形の上に水文，水文の上に生物というように，層状に重なり合って，地域の自然を構成する。要素間には垂直方向に関連性が生まれる。たとえば，寒帯のツンドラのように気候が地形に影響するとか，汽水湖のシジミのように水文が生物に影響するとかである。このように地域を構成する要素間の「垂直的関連」を，地理的関連とよぶ。要素間で地理的関連が発生する理由は，それらの要素が同じ地域に存在しているという「共存性（コエグジスタンス）」のためである。地理的関連は，自然だけでなく，社会の要素間でも（高阪，2008，109-110），また，自然と社会の間でも発生する。

このように近代地理学は，自然と社会を学問的に橋渡しするという大きな野心をもっていた。しかし，この大望を満足のいく形で実現することは，当時は難

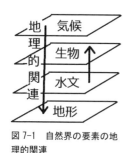

図7-1　自然界の要素の地理的関連

しかった。問題は，実行可能性にあった。自然の構成要素間の因果関係を論証することは，非常に難しいということがわかり，研究はあまり進展しなかった。自然の要素とさまざまな社会間の因果関係の論証がさらに難しいことは，言うまでもない。異なった社会とそれらの自然環境の単なる記述を提供するだけで，まして納得のいく説明などできなかった。

　たとえば，特定地域に焦点を当てたモノグラフは，その当時の標準的知識による印象に基づいたもので，自然と人間社会が与えられた状況の中で，いかに，そして，なぜそのように存在しているのかの問いに対し，十分に実証されていないような推測に基づいていた。最悪の場合は，これは，「自然の差異^{ナチュラルディファレンス}」に基づいた人種差別へと結びついた。たとえば，アメリカの地理学者センプルやハンチントンは，ある自然環境が，ヨーロッパ人よりも知的，肉体的能力で劣る人種を生んだと論じる傾向があった。このような考え方は，「環境決定論」とよばれ，自然と人間社会の二方向の関係の中で，'自然が人間社会を決定する'と論じたのである。

＜環境決定論とは＞

　環境決定論は，19世紀の終わりから20世紀の初めまで，地理学において優勢であった一組の考え方である。環境（自然と気候）条件が，人間生活を決定したり，限定するとした。エレン・センプル，エルスワース・ハンチントン，グリフィス・テーラーなどが主張した。

　このような「環境決定論」に対し，「社会構築主義」（第5章第3節を参照）はもう一方の端に位置する。自然は決して生まれたそのままではなく，生産され想像されると「社会構築主義」では考える。この考えに基づいた人文地理学では，自然界を，特定の時間と場所において，人間社会の命令によって形作られる対象物として取り扱う。そして最終的に，'自然の終焉'に至るのである（マッキベン，1995）。

第2節　社会と自然の関係に関する地理学研究

　第二次世界大戦後の地理学では，自然と社会の関係はどのように把握され，研究されているのであろうか。一番大きな出来事は，社会の力が大きくなったため，社会と自然の関係を見るというように順番が入れ替わったことである。アメリカのマルクス主義地理学者ネイル・スミスは，自然を二つに分けた。「第一の自然」は，原初的な自然で，人間の影響を超えたものとして考えた。西洋では，自然は，避けられない，人間を超えた存在として考えられてきた。自然に対するこのような見解は，西洋の思想で優勢であった。この考えは，ルネッサンス以降では，自然と人間に二区分して考えるという傾向につながっている。自然は，定義によって，人間でないので，社会でもなく，文化でもない。

　しかしながら，スミスは，「第二の自然」を，社会的に生産された自然と定義したのである。その自然は，あたかも本物の自然のように出現する。第一の自然は，資本主義の下で，労働と資本の過程を通じて，第二の自然に変換される。自然は，企業が利益を得るため，変換されるのである。スミスが示す「自然の生産」とは，「第一の自然」が社会的に生産された「第二の自然」に取って代えられる過程として捉えている（Smith, 1984）。彼は，自然は社会的に生産され，長い間，（第一の）自然ではなくなっていると主張した。

　マルクス主義者の理論の出発点では，常に，人びとは，自然とよばれるものに直面し，生き延びるため，労働を通じてそれを変換しなければならないという認識に立つ。生産は，意図的な人間行為で，産業や製品の製造と関係する。「自然の生産」と言うと，何か自然が製品を造るように思われるが，社会によって次第に汚染されてしまう自然という意味である。

　このような側面から考えると，農村景観と都市景観はほとんど区別できなくなる。農村景観は自然的であるという考えに近いが，農地は大量な労働力の投入の結果である。しかし，農村景観は，たとえ労働の産物であっても，絵画や詩では，自然空間として表現される。自然にとって一番はずれに位置するのは，

荒野（ワイルドネス）である。しかし，この
考えも人間が構成したもので，'無垢'の世界，
あるいは，神の産物として考える長い歴史が
西洋にはある。スミスは，荒野として，アメ
リカのイエローストーン国立公園を取り上げ
（図 7-2），特別に画定され，自然が保護され
ている地域として考察している。

　社会と自然の関係に関する地理学研究とし
て，もうひとつ「文化生態学」がある。文化
生態学は，文化人類学と文化地理学の境界上
に位置し，20 世紀中葉の人類学における'文
化習慣は独自であると考えられる'という「文

図 7-2　イエローストーン国立公園
出典：Brigitte Werner による Pixabay か
らの画像

化主義」への批判から始まった。文化生態学では，南の開発途上国において，
特に「土地」と「水」に依存した共同体に注目し，環境の利用と改変や日々の
儀式的文化習慣に対し詳細で長期間のフィールドワークを行うことで，その生
態的・物理的基盤の上に文化を再現した。このことから，文化生態学では，社
会と自然の関係を，共同体がもつ「文化」とその基盤をなす「生態」との関係
から捉えている。当時の文化生態学では，共同体の文化的信条や実践は，ロー
カルな生態に対する機能的適応であると考えられた。共同体は，恒常性という
考えをシステム理論から借用し，全体論として研究された。「文化」と「生態」
は共に依存関係にあり，相互に調整され，比較的安定しており，過程・関係・
出来事の内部的に複合した領域と見なされたのである。

　1980 年代半ばになると，文化生態学が示したさまざまな文化の恒常性と相
対的自足性は，非現実的なものになってきた。その理由は，第一に国家権力が
国家の隅々まで行き渡り，第二に商品の生産・流通・消費の国際化である。そ
こで生まれたのが，「政治生態学」であり，ローカルな資源利用が，より広い
社会的力によっていかに影響を受けてきたかを理解することを目指した。政治
生態学では，社会と自然の関係を，国家や多国籍企業の「政治」と共同体の基

盤をなす「生態」との関係から捉えるのである。注目する点は，普通の人びとと国家権力や多国籍企業のようなアクター間の権力の非対称性である。新たな研究は，商品価格，貿易協定などのグローバルな変化が，小自作農によるローカルな「土地」と「水」の利用の決定に結び付く複雑な関係連鎖を明らかにした。政治生態学は，ローカルな土地利用の実践を不安定にさせたアクターや過程に対し，批判的であった（Blaikie and Brookfield, 1987）。

　ローカルな土地利用における土壌侵食を取り上げると，これは明らかに自然の中で起こる過程（プロセス）である。私たちは，地理学の授業で，侵食過程を学んだ。主な原因は，水，氷，風である。また，人間は，人文景観を造るために，景観を直接的に侵食することもある。それではなぜ土壌侵食に，マルクス主義者は興味をもつのであろうか。土壌侵食は，自然が原因でもなく，直接的な人間行為の産物でもなく，特に資本主義の下での社会組織の結果であることが明らかにされた。土壌侵食は，貧しい人びとが，土地を犠牲にしてできるだけ多く利益を上げるための，世界経済の構造的産物なのである。

　公共福祉に対し実用的なアプローチのひとつとして，「自然災害の地理学」がある。自然災害の地理学では，社会と自然の関係を，「人びとの暮らし」とそれに襲い掛かる「自然災害」として捉える。自然災害には，台風・干ばつ・地すべり・地震・津波などがあり，それらから人びとを守ることを研究する。研究が明らかにしたことは，高い危険性のある場所に住んでいる人びとが，災害の危険性に気づいておらず，したがって，災害の影響を軽減する適切な手段を取っていないことである。

　自然災害の地理学の研究事例として，GIS を利用した私の研究を二つ示す。「ハザードマップ」とは，過去に起きた自然災害の範囲を地図化したものである。20 年ほど前までは，ハザードマップは，どこが危険な地域かわかってしまい，その地域の地価を下げ損害を被ると言われ，隠された存在であった。ところが，人びとが災害の危険に気づいていることが大事であることから，最近では，自治体が地域住民にハザードマップを配布し，自然災害から各自が身を守る方法を日頃から考えるように指導している。地理学においても，自然災害から身を

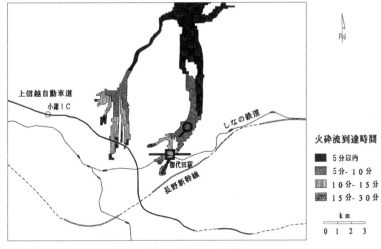

図 7-3　浅間山の火砕流

守る方法を研究するようになった。

　図 7-3 は，浅間山で 1783（天明 3）年に発生したのと同程度の小規模な火砕流を想定した「浅間山火山防災マップ」に基づいて，火砕流レイヤと，現在の交通レイヤを GIS 上で重ね合わせて表示している（高阪，2000）。交通に関しては，東側の濁川火砕流によって 10 分〜 15 分の間に「しなの鉄道」の御代田駅の線路が被害を受ける。高速道路に対しては，西側の蛇堀川火砕流によって同じく 10 分〜 15 分の間に上信越自動車道の小諸インター付近が被災する。北陸新幹線（長野新幹線）には，この規模の火砕流では到達しないことがわかる。

　火砕流は，高温（最高 600 〜 700℃）で高速（秒速 20 〜 100m）な流れである。濁川火砕流の到達時間が 5 分〜 10 分圏に居住している住民（丸印）にとって，10 分間に早足で移動できる距離を 1km とし，その道路範囲を地図上に太線で示した（図 7-3）。この居住地点の住民は，どのような方向に逃げても火砕流に巻き込まれ，早足では火砕流から逃げ切れないことがわかる。火山活動の観測により火砕流が発生する可能性のある噴火が始まった段階で，直ちに避難した方が賢明であろう。同様に 10 分〜 15 分圏内の住民（四角印）に対し移動できる道路範囲を示すと，東や西の方向に逃げた場合は助かるが，南西方

向に逃げた場合，火砕流に巻き込まれる危険性があることがわかる。したがって，10 分〜15 分圏に居住している人は，脱出できる安全な方向（東や西）を事前に知っておく必要がある。

　この論文を発表したのは 2000 年で，朝日新聞の全国版の朝刊一面にも地図が掲載された。火砕流は新幹線並みの速度で河川や谷を流下して来るので，火山が突然噴火すると，火砕流がすぐに到達する居住地点の住民は，逃げられる時間が短くなり，脱出が困難になる。2011 年の東日本大震災で，押し寄せる津波に呑まれる車のカーナビの軌跡を，NHK のテレビ番組で見ていて，'そっちはダメと'と心の中で叫んでしまった。逃げる方向や場所が大事なので，それをどのように伝えるかが課題である。巨大都市で水害が発生した場合，住民のほかに，仕事の関係でたまたまそこに居たという地元の地理をまったく知らない人びとも含め，何十万もの人が，短時間で避難しなければならない。水害発生時に利用可能な避難場所が表示され，自分の現在地から最も近い避難場所に誘導できる GIS システムを構築することが喫緊の課題である。避難場所は 10 階程度の高さのあるマンションでもよく，水害発生時には開錠され，避難者数が収容量に達したら，収容力が残っている施設に誘導するのである。

　図 7-4 は，2019 年の台風 19 号による長野市千曲川の堤防決壊で発生した浸水地域を示している（高阪，2019）。新幹線車両センターが浸水した台風として，

図 7-4　浸水地域

凡例

浸水地域
千曲川

表 7-1　浸水地域の年齢構成

年齢層	男	女	計	構成比 (%)
年少人口	234	240	474	10.8
前期生産年齢人口	447	429	876	19.9
後期生産年齢人口	680	674	1,353	30.7
前期高齢者	369	385	754	17.1
後期高齢者	382	565	946	21.5
計	2,111	2,292	4,403	100.0

記憶に残っている人も多いであろう。浸水地域は 14 の大字に広がり，GIS 分析により，被災人口は 4 千 4 百人，世帯数は 1 千 7 百世帯に達することが推定された。被災人口の年齢構成を見ると（表 7-1），4 割弱が高齢者であり，特に，75 歳以上の後期高齢者が 2 割を占め 9 百人に達することがわかった。また，被災地区の避難所は二か所あるが，避難移動距離が長く 2km を超える場合もあることが分析された。「脆弱性」とは，災害に対して，被害の受けやすさや対応能力の低さを指す。長野市のこの水害は，まさしく，災害に脆弱な地域を襲ったのである。災害脆弱性の地理学は，災害に脆弱な地域を識別し，被害の回避・軽 減 を目指す研究を行っている。

第3節　自然の再発見

　20 世紀後半の地理学では，以上のように「マルクス主義地理学」・「政治生態学」と「自然災害の地理学」の二つのアプローチから，社会と自然の関係に関する研究が行われてきた。1990 年代半ばからは，人文地理学では，今までとは異なった型にはまらない形で，自然を研究に取り入れるという新たな試みが始まった。これらの研究で共通に見られることは，従来では‘自然的’と見なしてきたものを，‘自然でないものにする’ことや，‘自然が社会を取り仕切る’という考えに挑戦することである。以下では，三つの研究を紹介する。

　従来の「天然資源の地理学」では，石炭・鉄・石油など天然資源に基づく産業立地とその特徴を記述・説明してきた。よく知られた古典的研究は，ウェーバーの工業立地論である。原料の鉄鉱石を産出する「鉱山」，それを精錬する燃料である石炭を産出する「炭田」，そして鉄を大量に消費する市場である「都市」の立地が与えられた場合，鉄の精錬「工場」は，これら三つの立地点が描く立地三角形の重心に立地するという理論である。このように従来の「天然資源の地理学」では，天然資源の産出場所や重量などから，産業の地域や世界の地理を説明してきた。また，“有限”で，“再生可能な”資源とか，収容力のような用語はすべて，資源が本来もっている数量をよび起させることから，「自

然を中心」とした考え方である。

新しい「天然資源の地理学」では，社会と自然の関係を，天然資源産出国の地主と採掘会社から成る「産業」と「天然資源」との関係から捉える。この新しい地理学では，天然資源の"自然的"側面はあまり考慮せず，したがって，自然は地理を説明する上でもはや中心的ではなくなっている。その代わりに，経済システムの構造に注目し，その中で生産要素を定義し，重要性の度合いを考慮するというように，天然資源の地理において社会的組織が強調されている。

石油に関しては，その備蓄が 21 世紀の半ばまでに枯渇するであろうということがよく言われている。新しい「天然資源の地理学」によると，石油不足は絶対的なものではなく，前世紀を通じ，グローバルな石油会社の'通常の'状態に収まっているのである。産油国の地主と巨大な石油会社はともに，石油価格が低下するような過剰供給に陥らないようにする手段として，石油不足を社会的に作り出していると考える。このアプローチは，石油自体によって想定された「自然の限界」から焦点を移させ，ある種の生態・物理的実在物が資源になる仕方と，社会条件と経済目的の下で資源への資材アクセスが誰であるかに注意を向けさせる（Labban, 2008）。

次に紹介する「自然の文化研究」では，'自然的'事物が，誰によって，どんな効果を用いて，どんな仕方で，自然として表現されるかを問うことを試みる。新しい「天然資源の地理学」と同じように，この研究では，'自然的'とよぶ事物の物理的属性を強調しようとすることは試みない。「自然の文化研究」では，社会と自然の関係を，社会を構成するさまざまな「集団」と「自然」との関係から捉える。自然の文化研究の事例として，カナダ・ブリティッシュコロンビアの温帯雨林クレイックサウンドで繰り広げられた環境保護団体と林業会社間の衝突を取り上げてみる（Braun, 1997）。

環境保護団体は，クレイックサウンドを最後に残された'原始のままの自然'の空間のひとつとして見ており，林業会社はそれを価値のある経済資源と考え，カナダ経済と林業の仕事に依存する地元のために確実な方法で伐採すべきものと見なしている。両者によるクレイックサウンドの表現を詳細に分析すると，

一方はクレイックサウンドを未開，複雑，脅威，特殊なものとして描き，他方は高度な技術を有する林業企業によって合理的に伐採される'資源地帯'として捉えている。両者は，クレイックサウンドを実際に存在しているように描いていると主張する。しかし，書物・パンフレット・ニューズレターに示されたこれらの表現は，彼らが売り込もうとしている特定の課題を反映していることから，地域の'現実'は，見ている人によってまったく異なって現れるように作られることが明らかである。

　しかし，環境保護団体と林業会社間の表現の内容やメッセージの違いがあるのもかかわらず，両者は最終的に同じ記号の世界を共有している。特に，17世紀以後のアメリカとカナダを通して広がった植民地開拓者のアングロアメリカ人による言語習慣と文化的前提を反映している。この点は，クレイックサウンドに残っている先住の人びとの小集団を取り上げることで浮上する。これらの集団は，歴史的に何代にも渡り，森林・河川・川岸を利用し，彼らの物質的・記号的要求を満たして居住していた。しかし，環境保護団体と林業会社は，この地域はまったく人が住んでいないと仮定して，クレイックサウンドの将来について争ってきたのである。これは，自然と社会は二つの個別の事物であるという西洋文化の信念の地理的な表現なのである。クレイックサウンドの先住民は，近代カナダのポストコロニアルと考えられる条件の下でさえ，このように記号的な暴力の犠牲者なのである。

　多くの文化地理学者や農村地理学者は，自然を，遺伝子，森，原野，河川，野生生物など，そのすべての側面から見ることを望んでいる。彼らは，誰によって，どんな効果を用いて，どんな仕方で，'自然的'事物が自然として表現されるかを問う。天然資源の新しい地理学と同じように，この研究でも，'自然的'とよぶ事物の物理的属性を強調しようとすることは試みない。彼らは，表現に注目し，その表現が世界を映しだす忠実な鏡では決してないと確信する。ポストモダン，ポスト構造主義，ポストコロニアル理論を用いて，書物に書かれ，言葉で話され，あるいは，ビジュアルで示された「自然」の表現が，社会的に構造化されたものであり，しばしば社会的勢力の表現のメカニズムであること

を論じるのである。

＜ポストモダン，ポスト構造主義，ポストコロニアル＞

「ポストモダン」（近代以後）では，モダニズム（近代主義）の終焉とそれ以後の時代の思考と，特に科学，建築，構造主義の分野で，モダニティ（近代的なるもの）に関連した思考に反する理論を参照する。

「ポスト構造主義」では，構造主義，特に，構造主義者が定義する傾向が見られる二分法的論理に反する広範な哲学的・理論的方法と考えを指す。20世紀のフランスの思想家ミシェル・フーコー，ジャック・デリダ，ジル・ドゥルーズ，ジュリア・クリステヴァが関係している。

「ポストコロニアル」では，植民地主義の終焉とそれ以後の時代と，あらゆる形式の植民地主義に批判的立場をとる理論的研究を参照する。

第4節　ポスト自然・ポスト社会の地理学

自然に対する第三の「脱自然」の研究は，上記の二つの研究よりも急進的なものであり，今日の地理学が依拠する自然と社会の二分法に疑問を投げかけている（森，2021，191-192）。「混成地理学」と「非表象地理学」という二つの重なり合った研究が，イギリス地理学において行われている（Whatmore, 2002）。

混成地理学

「ハイブリッド」とは，辞書によると，二つの意味をもつ。一つは，異なる種から生まれた生物で，「雑種」の意味である。事例としては，イノシシと豚から生まれたイノブタであり，ハイブリッドの語源に当たる。もう一つは，二つの要素を組み合わせて作られたもので，「混成」の意味である。事例としては，二つの動力源（内燃機関と電動モータ）を組み合わせたハイブリッドカーがあげられる。「混成地理学」では，野生と飼育，動物と人間，自然と人工といった二分法では捉えられない，混成的な社会と自然の関係を研究することを

図 7-5　野生の象（左）と動物園の象（右）
出典：左）stop the war による Pixabay からの画像，右）Annette Meyer による Pixabay からの画像

目指す（淺野・中島, 2013）。具体的には，野生と飼育では，人間の介入による野生生物の保護，動物と人間では，人間の伴侶としての動物，自然と人工では，都市内緑化や自然公園などであり，現代の私たちが見るさまざまな現象に該当する。

　両研究では，世界を社会的実体と自然的実体に分けることは，現実をゆがめて伝えるほど単純化しすぎていると主張する。私たちは，一つの現実に住んでおり，二つの現実に住んでいない。私たちが，自然的事物と社会的事物の特徴や影響を理解しようとするならば，それらを分けることはできない。人間の世界との係りは，接触，匂いを嗅ぐ，聞く，物理的相互作用などを含み，表現の・・・行為をはるかに超えている。社会的事物と自然的事物は，絶えず相互で共同構成し，平衡を保ち，改変するように絡み合っている。これらの研究は，異なった状況に詳細な注意を払い，自然と社会の二分法が長期にわたり視野から隠していたものに対処するため，認識・道徳・審美の側面から問を発する。

　野生動物の保護を事例に取ると，‘象’は表面上何ら問題のないカテゴリーであるが，異議を唱える必要がある。象になることは，アクターの特別なネットワーク，制度，個々の象が生存している物理的環境に左右されるプロセスなのである。たとえ単一種に属すると通常考えられていても，野生の象と動物園の象との間には，一組の顕著な相違が存在する（図 7-5）。環境保護論者は，保護しようとするものの異なった特徴と，‘象になること’を達成するさまざまなネットワークに，より多くの注意を有効に払うことができる。「自然」を

保護するためには，保護されるのは個別な対象や空間ではなく，時空間において非常に広い複雑な関係で結ばれた差異のある実体の全集合でなければならない。このことは，何を保護するかと，自然全体の保護政策をどうするかの双方を再考することにつながる。

非表象地理学

　21世紀に入り，あらゆる形式の‘非・人間的なもの^{ノン・ヒューマン}’の勢いが，私たちの社会生活において，感じられるようになった。気候変動から狂牛病，新型コロナウイルスまで，その結果に対する私たちの行動と無関心が，私たちを苦しめるために戻ってきているという感覚が高まっている。ペットやウイルス，植物や野生動物は，私たちと同じく，ほとんど都市化された生活空間で共存している。私たちが‘自然のみしかない’と見てきた砂漠，ジャングル，沼地などにも，私たちは住んでいたので，‘人間の経験から分離されたものとしての自然という考え方全体は，偽りである’ということが明らかになった。

　地理学が，変化しつつある世界を記述し説明するときに，自然と文化の間の二分法という方法について，不信感を抱くようになった。この不信感は，たとえば，二分法が，より持続可能な生活の実践を知らせるための地理学による貢献を，刈り取ってしまっているのではないかということである。人文地理学では，近年，空間や場所を構成する上で，人間，技術，生物，そして，地球物理的過程が織り成す複雑で動的な方法に注目が集まっている。これは，「非表象^{ノン・レプリゼンテーショナル}」地理学，あるいは，より適切には「表象を超えた^{モア・ザン・レプリゼンテーショナル}」地理学とよばれている。

　この地理学の特徴は，第一に，‘社会の外側の手付かずの空間としての自然’という考えは，歴史的に誤った考えであることを示すことに関心がある。手つかずの自然という考えは，今日では広く行き渡っており，多くの人びとにその誤りを認識させることはなかなか難しく思われる。しかし，上記のように，ヨーロッパの植民地支配者の目からは荒野と見られる景観は，多くの環境保護主義者によっては，手つかずの自然が残っているものとして崇められる景観となり，

両者とも先住民の存在をその景観から消し去ろうとする方法を取っていることを，地理学者は指摘している。

図7-6　混成身体空間へのマッピンング

　第二に，私たちの日常において，人間，植物，動物が混成し，動き回る生活に注視することで，‘人間社会と自然界との分離’という歴史的言説を否定する。動物の場所は，現代の人文と自然の地理学の間で，大きく衰退してきている。しかし，動物地理学の新たな注目は，野生動物の狩猟旅行（サファリ）から都市の動物園，さらに，人間の生活圏へのクマの出没まで，世界規模のペット販売から工場的畜産場まであらゆる形式の社会ネットワークを取り入れることで，世界の中での「自然」の場所についての私たちの仮説を覆す。

　第三に，最も挑発的で，自然と文化の二分法に反対する研究では，人間，動物，機械の厳格な区分は，近年，境界がぼやけつつあるという形で折り合いをつけている。このぼやけつつある理由は，遺伝子工学や人工知能のような技術によってもたらされる。これらの技術は，遺伝子導入生物（トランスジェニック）や生体工学による人体器官を機械的な部品に置き換える治療のような新しい形式の区分と関連すると見なされる。ここにおいて，身体（ボディー）は，地理学研究に対し重要な新しい拠点として出現しつつある。そこでは，人文地理学の「人間」は，その外側の世界の「自然」とともに，再思考するよう求められている。身体空間は，最も親密なスケールとして，認識されている。図7-6で，この牛は，どこまでが自然で，どこからが文化なのであろうか（Whitmore，2014，p.161）。

第8章 景　観

第1節　景観とは

　景観(ランドスケープ)とは，何であろうか。その疑問に答えるため，まず，景観が三つの異なる方法で理解されてきたことから始める。第一の最も基本的な理解は，景観が私たちの周りの世界，特に，家の外の世界，を構成していると感じていることである。'景観？ それって，私たちの周りの世界でしょう'（手を広げぐるりと回してジェスチャで示す）。

　この「私たちの周りの世界」という理解に対し，二つの重要な注目すべき点がある。景観が，「世界」と「環境」，すなわち「建造」と「自然」の側面から定義されていることである。たとえば，それらは，道路や家屋（建造物）と河川や丘陵, 谷（自然）などである。したがって，環境は，(a)明確に外部的で，(b)物質的で，目に見え，触れることができ，実際に存在しているものから成り立っていると考える。景観は，領域とその中に見られる地形や事象(フィーチャ)なのである。

　西洋的感覚では，客観的外部世界は，私たちに授けられた存在とみなされる。したがって，景観は，日常に調和して，平凡に注目もされない現実そのものであり，見ようと立ち止まったとき消失せず，毎朝，多少とも同じ形でそこに存在している。このことから,毎日見える現実として,「都市景観」や「山岳景観」のような小区分が生まれた。また，比喩的に，「政治的景観」や「経済的景観」

が用いられる。以上から，景観についての最も基本的な理解は，'私たちを取り巻いている与えられた外部世界'なのである。

　景観に対する第二の共通の理解は，まったく異なっており，'視覚による景色や眺望の描写'としての景観である。これに相当するのは，「景観絵画」や「景観写真」などがある。多くの人にとって，景観とは，農村や自然といった風景の絵画であるという考え方である。絵画の様式としての，すなわち，世界を描き表現する枠組みとしての景観は，日常生活を通じ広く知られている。

　景観に対する第三の一般的な返答は，'造園や景観設計のデザインとその実践'に重きを置き，価値や関連に係わっている。たとえば，ある人にとって景観を直接体験するのは，庭に新たに芝生を植えたり，仕切って中庭を造ったりするため，造園業者をよぶときに起きる。また，別の人は，アメニティをより高めるため，あるいは，視覚による美的魅力を高めるため，地元の公園や学校，街路，職場の土地や空間を整備し，緑化し，改良を図るときに直面する。

　このことから，景観という用語は，景観を形成するという動詞と結びつけられる。景観の形成は，地表面を変更し，造り直すことである。したがって，広い意味で，「居住の実践」としての景観ということになる。景観という用語には，地球と調和しながら，その中で私たちがいかに生活するかという意味を含んでいる。造園や景観設計という範囲を越えて，景観は，今日の欧米で，大自然と調和した実践，すなわち，田園地帯でのウォーキングやサイクリング，ペインティングや写真撮影，のようなイメージを呼び起こす。これらは，ガーデニング（庭造り）と同様に，景観という用語と最も共通に係わりをもった実践であり，このことが，景観の概念を，生活様式の中での生活の実践と結びつけることになる。

　地理学では景観は，どのように考えられているのであろうか。景観は，文化レイヤ，生物レイヤ，地質レイヤと三つのレイヤ（層）で構成されていると考えられている（表8-1）。一番下の基盤は，物理（地質）レイヤで，岩石，堆積物，土壌，地形，そして，景観上に作用する物理過程で成り立っている。その上の生物レイヤでは，動植物，野生動植物の生息地，生態系で構成されてい

表 8-1　景観の 1 次レイヤと 2 次レイヤ

景観の 1 次レイヤ	景観の 2 次レイヤ
文化	経験と関連 現在の土地利用 歴史的土地利用
生物	大きな動物 高木 低木 草本と草
地質	土壌 物理過程 地形 岩石と堆積物

る。最後に，文化レイヤがあり，土地利用，建造物，社会基盤（インフラストラクチャ）で成り立ち，時間とともに改造されるので，歴史的土地利用も含まれる。この文化レイヤは，視覚，音，匂い，接触，さらに，記憶や関連を通じて生まれた，人間による景観の経験も含む（Gray，2014，265-267）。

　三つのレイヤのいずれもが，景観で卓越した存在になることができる。都市では，文化的レイヤが卓越し，人間が建造した「都市景観」が見られる。農村では，生物レイヤの中でも自然植生は取り払われ，稲やブドウのような作物が栽培され，棚田やブドウ園のような「農村景観」が見られる。生物レイヤが卓越する景観は，そのほかに，熱帯雨林，広葉樹，針葉樹などの森林地帯でも見られる。植生が乏しいかまったく生育していない自然地域では，物理的レイヤが卓越し，「自然景観」となる。このような地域では，高緯度であるか，標高が高いため低温である，あるいは，乾燥していることが理由となる。さらに，氷河，海浜，活火山なども含まれる。

図 8-1　日本平からの景観

　これらのレイヤは，明らかに，相互に関連するか，混ざり合っている。マヤの考古学的遺跡は，熱帯の植生に覆われている。都市では，石，レンガ，タイル，コンクリート，ガラスなど，おもに物理レイヤからの資源で建設されている。しかし，三つのレイヤは明らかに区別でき，現代の景観を形成するため結合されている。図 8-1 は，日本平から見た富士山の景観である。前景には，清水の都市と清水港といった文化レイヤがあり，中景には山を覆う森林の生物レイヤが見られ，後景に雪で覆われた岩肌の富士山の物理レイヤがそびえている。日本平は，日本武尊が東征の際にこの山頂から四方を眺めたところと言う伝説に由来する。その当時に比べ，景観は大きく変わってしまったことであろう。

第 2 節　物質的記録としての景観

　日常生活で，景観という言葉に対し三つの捉え方があることが，明らかになった。次に，地理学における景観の概念について見てみよう。景観という用語を通して，人文と自然の両方の世界を見ることができることから，景観は，五つの基本的な研究テーマには入らないが，場所や地域などの用語とともに，長い間地理学の極めて重要な研究テーマになってきた。地理学における景観の概念は，時代とともにその意味や範囲を急激に変化させ，また場所や制度によって大きく異なるため，悩ましい問題を秘めている。地理学の中で，編年的に段階を経て論じられてきた景観の概念としては，次の三つにまとめることができる。それは，1) 物質的記録としての景観，2) 見方としての景観，3) 住みかとしての景観，として理解されてきた（Wylie, 2011）。

　20 世紀のほぼすべての期間において，地理学者をはじめ，考古学者や建築家・造園家は，景観を「人間活動の物質的記録」として広く定義してきた。この考えは，アメリカの文化地理学者カール・サウアー（1963）の「景観の形態学」の中で最も強力に表現されている。"文化景観は，文化集団によって，自然景観から形づけられる。文化は営力であり，自然地域は媒体（物質）であり，文化景観は結果である。"と論じている。景観は，自然的・物質的環境に対し，

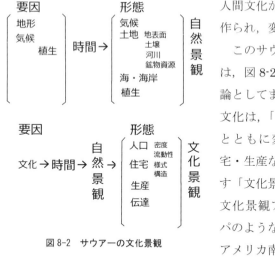

図 8-2　サウアーの文化景観

人間文化が能動的に役割を果たし，形作られ，変化させられたものである。

このサウアーの文化景観アプローチは，図 8-2 に示すような体系的な形態論としてまとめられる。要因としての文化は，「自然景観」に作用し，時間とともに変化を起こさせ，人口・住宅・生産などの側面で特異な形態を示す「文化景観」を形作る。このような文化景観アプローチは，西ヨーロッパのような長い歴史をもつ地域よりも，アメリカ南西部の個別の文化集団が継承する荒涼とした自然環境の中で成立するのである（Johnston, *et al.*, 1994, 114-115）。

サウアーの文化景観アプローチには，三つの重要な特徴が見られる。第一に，自然界を形作るときの人間文化の活動的な役割を強調する点である。これは，さまざまな形式の環境決定論に挑戦する欲求から一部生まれたものであり，景観を通して，受け身というよりもむしろ能動的な人間文化の道筋を追求することにあった。第二の特徴は，景観の用語に非常に高い地位を与えたことである。景観を地理学研究において中心的な対象かつ媒体と見なした。第三に，景観は現実の一断面としての物質的ものであるため，文化景観を体験するフィールドワークによる観察を重視した。また，人間活動の記録であることから，景観の分析では，発掘と復元といった歴史的作業も必要になる。このことから，サウアーの文化景観アプローチは，フィールドワークと歴史・形態分析を重視した方法論を取っている。この実証的で，フィールド（現地）に基づいたアプローチは，景観を人間活動の外部的・物質的・歴史的な記録として捉える。したがって，このような景観は，多くの場合，農村や農業的なものであると理解されている。

図 8-3　砺波平野の屋敷林の景観
出典：「散居村」『フリー百科事典　ウィキペディア日本語版』https://upload.wikimedia.
org/wikipedia/ja/5/5a/TonamiHeiya_Kanjouji.jpg（2022 年 11 月 7 日閲覧）

　図 8-3 は，富山県砺波平野の屋敷林の景観を示している。この屋敷林の景観
を，'人間活動の物質的記録としての景観'として捉えるならば，農家が物質
としての樹木を，どのように歴史的に屋敷林として育ててきたかを理解するこ
とになる。"屋敷林は，ほぼ 1 列に植栽されたスギの高木であり，しかも枝打
ちや整形されると，しばしば母屋や倉などの家屋群が外周から透けて見える"
（三浦，2014）。このことから，この景観は，屋敷地と周囲の耕地の間に「ルー
ズな地帯としての境界」を設けるため植栽された樹林であり，16 世紀から形
づくられていたようである。

第 3 節　見方としての景観

　次に，「見方としての景観」は，1980 年代における人文地理学の新しいアプ
ローチから始まった。「物質的記録としての景観」がフィールド科学としての
アプローチをとっていたのに対し，芸術や人文主義学に基づいた新しいアプ
ローチが，人文地理学に導入された。この変化の基本的要素は，景観の再定義

に見られる。景観を外部的・物質的・日常的世界としてではなく，芸術的・絵画的・表現的側面から景観芸術として捉えるのである。'世界を見て，構成し，構造化する仕方としての景観'は'何を見るか'よりもむしろ'いかに見るか'という疑問を私たちに投げかけており，特定の文化的展望から，教育を受け，社会化された私たちが，世界を見ることになる。したがって，景観を研究することは，世界の見方が，特定の文化的価値，態度，イデオロギー，信念に関わっているのかを思考することにつながる。文化的信条や価値は，見て，心に描き，目に見えるイメージを作り，表現することの実践を伝えるので，景観の地理学研究の核心的対象になった。

　景観絵画を描く場合，15世紀の北イタリアで発明された線遠近法が使われる。三次元空間を二次元のキャンバスにリアルに表現するため，水平線上の消失点を中心に絵画の全空間を組織化する絵画技法である。景観の絵画的表現が，このような遠近法に基づいて構成されるならば，景観絵画は最初から，秩序，支配，権威といった暗黙の意味で覆われている。文化地理学者は，景観絵画のような文化的産物によって埋め込まれ持続されるある形式の権力を指摘し，批判することに関心をもつようになった。

　この新しい文化地理学は，文化の理解において，サウアーの伝統的文化地理学と明確に異なる。伝統的視点では，景観の中で，文化を可視化できる物質的証拠として捉え，建物形態や産物などの種類とそれらの空間分布に注目していた。それに対し，新しい視点では，共有されている文化的信条，儀式，イデオロギー，価値，態度などの側面から，文化の内部的働きに関心をもつように変わった。これは，「文化的転回（カルチュラルターン）」とよばれる。言い換えると，サウアーの文化地理学では，文化は個々の人間からは独立し，その個体の純粋な有機体的性格を超越するという上部組織として理解されており，文化の本当の理解や定義を欠いていたことになる。"個人を超えた文化の超越的領域における説明に基づくことによって，サウアー流の文化地理学は，文化が構成され表現されるより広い社会的コンテクストをしばしば示し損なって来た"と指摘された（Jackson, 1989, p.18）。社会格差，社会階層，権力，不平等や排除といっ

た議論は，この‘古い’文化地理学の中で，不適切に概念化され提示されていた。したがって，‘新しい’文化地理学は，この形式の景観研究における政治的，イデオロギー的議論との批判的係わりが比較的欠如している点を強調する。

　地理学者は，過去を再構成する場合，特に景観の成立と表現を分析し，解釈することを試みる場合には，さまざまな視覚的証拠に注目する。芸術，文学，写真，地図，絵画，スケッチ，彫版印刷物，建築図面は，すべて過去の景観が示す象徴的な地理を再現するのに価値がある。二つのアプローチが，景観の歴史的研究で用いられてきた。一つは，景観をテクストと喩えるアプローチである。「テクストとしての景観」のメタファー（隠喩）は，文学理論の方法を用いて，景観を社会的ドキュメントとして読み解くことができる。特定の景観形態の観点から，テクストによるメタファーは，景観とイデオロギーとの間の重要な関係を捉えることを目指す。すなわち，イデオロギーを具体的で，視覚的な形に変換する仕方を，景観で認識する。景観の批評的解読者の役割は，イデオロギーの沈殿物の層に入り込む必要がある。景観を書かれたテクストに結び付けることは，作者や権限に関する疑問へと導き，景観の特定のビジョンを作る権限を与えるため，また，これらのビジョンを持続し永続的に保証をするため，誰が文化的権力を有しているのかを問う。

　景観を見方として定義するならば，文化地理学者は，視覚的表現の形式を通して文化的，政治的権力を示し持続させる方法を批判的に読み解く。景観は，文化的意味の視覚的イメージである。言い換えると，景観は，文化，自然，人間社会組織についての特定の考えを記し永続させる視覚的なイデオロギーなのである。「見られる景観」から「見方としての景観」へのシフトは，景観を‘記述する’ことから‘解釈する’ことへと方法論的な転換ももたらした。

　このような方法論は，近代的都市景観に応用されている。建造環境の解釈については，ニューヨーク・ワールド・ビルディングが取り上げられた。19世紀末のニューヨークのこの重要な初期の高層ビルを，社会的，経済的，空間的，審美的コンテクストと，その人工物を創造し，建設したアクター（行為者）へと結びつけることによって，意匠と建築の多層的理解が試みられる。建物の審美

的形態と社会的意味は，その所有者の個人的願望と都市の中で競い合うエリート内での位置へと結びつける。建物の高さは，新会社の建物の競争戦略として使われている。この建造環境の解釈の研究は，その後ニューヨークの高層ビル群の研究へと展開した。景観解釈の多層的アプローチに対して，多方法論的な展開もなされている。広範な資料や方法を用いることは，「深い分析」を可能にする。新聞や雑誌のほかに，社史，火災保険プラン，地価，建物評価，所有移転，担保などの幅広い記録資料を分析することは，今日の景観では見えない建造環境について，その成立と機能をより多面的に理解することにつながる。

　もう一つのアプローチは，図像学（イコノグラフィー）の方法に注目する。図像学は，象徴的な像の理論的，歴史的な研究であり，芸術作品を歴史的コンテクストの中に置き，その意味を探り，像の意味する考えを分析し，それを成立させた文化全体を理解することによって，解読される暗号化されたテクストとして絵画を概念化しようと試みる。図像学は，狭い意味では，通常の意識的に記した象徴の識別であるが，より解釈を広げると，その成立に係わり，意識，無意識にかかわらず芸術が対話する文化的，政治的，イデオロギー的コンテクストを再構築することによって，芸術のより深遠なレベルの意味を探ることになる。図像学研究の原理は，さまざまに異なる背景にある象徴的な景観を解釈するため，地理学者によって広く使用されてきた。

　次の事例は，ビクトリア時代のロンドンの金融街にあった過去の景観の中の記念碑的な商業ビルディングを解読する方法を示す（Black, 2010）。図 8-4 は，1838 年に建築されたロンドン・ウェストミンスター銀行の新本店の彫版印刷物である。場所は，シティの金融街の中心ロスバリー街で，英国銀行の北東角と接する。1833 年以前は，株式銀行（株主が所有している銀行）は，英国銀行を除いて，首都では禁止されていた。1833 年に国は株式銀行業における英国銀行の独占を廃止し，ロンドン・ウェストミンスター銀行が，最初の株式銀行としてロンドンに設立された。彫版印刷物が表わす 1847 年の本店は，その意匠が示す堅牢性・目的・力強さが，大都市で増え続ける中産階級の預金に対し住宅を提供する資金力のある銀行のオフィスにふさわしいものとして，同時

図 8-4　ロンドン・シティのロスバリー街のロンドン・ウェストミンスター銀行（1847 年の彫刻印刷物）
出典：Black, 2010

代の人びとに注目された。

　建物の装飾とそこに付けられた装飾品は，最小限に保たれているが，1 階には‘いなか風’の窓間壁の間に装飾を施した側板をもつ窓が見られる。そこには，エルメスの杖と束桿が交互に彫刻されている。杖は，ギリシャ神話に従って，神の使者で商業の神威を表すエルメスがもっており，二匹のヘビが絡みつき頭に一対の羽がついたものである。古代ローマのシンボルである束桿は，刃が突き出た斧を中心に棒で束ねて表現されており，伝統的に古代ローマの執政官の前に運ばれ，権威の象徴であった。正面の末端は，太い角柱で，椅子に座った婦人の影像を飾っていた。これらの像は，シティ・オブ・ロンドンの武器で飾った盾をもった東端の像と，シティ・オブ・ウェストミンスターの武器を表した西端の像とともに，銀行の商業的関心を表象している。拡大する大都市の中心にある二つのシティについて言及すると，貿易金融に重きを置くシティと，長い伝統のある民間預金銀行のウェストミンスターといった二つの異なった伝統のある銀行業が，拡大する中間階級の市場を切り拓くため，統合を模索して立ち上げた新たな組織を表している。意匠の規模と大胆さは，大都市銀行の閉

鎖的な世界において，英国銀行は別として，今まで前例がなかった。ロンドンとウェストミンスターによって表された新たな国民一般向けの金融は，その正当性と権威を強調するため，このような特色のある建築的参照に基づいている。

　この事例は，多くの重要な方法論的原理を強調している。第一に，視覚による証拠とアーカイブや歴史史料との間の密接な関係を保つことは重要であり，特別な景観形態の解釈を取り囲む詳細な歴史的，地理的コンテクストを説明する文化人類学者クリフォード・ギアーツの「厚い記述」の考えを採用している（大畑，2021）。第二に，特定の景観の中に埋め込まれたサインやシンボルを綿密に読解することで，視覚的な証拠として埋め込まれた策略やイデオロギーを重要視する。第三に，図像分析の方法や技術を利用することで，景観の美学の厳密な研究を確保することである。第四に，特定の建築図面や景観の再造形についての「厚い記述」を，より広い社会的，文化的，経済的過程に結び付けることを重視することである。

第4節　住みかとしての景観

　最後に，「住みか（ドゥエリング）としての景観」を見てみよう。景観を住みかとして捉える場合，景観は居住すること，より広く考えると生活することに関係づけられる。この見方からすると，景観は居住と実践的に関わり，生活を成し遂げる側面から定義される。景観は，平均的住民の日常生活と経験の基礎をなす。この種の景観研究では，現象学的思考方法から，居住者は世界の観客として捉えるのではなく，参加者として研究を進める。

＜現象学＞

　現象学とは，理論・推論・科学的仮説などの自然科学的なアプローチを使用せずに，まずは，意識に現われる体験の構造を「説明」する方法論である。その方法は，主観を客観に対し矮小なものとして見下さず，主観を徹底化するところに特徴がある。主観を徹底化するには，私たちが日常生活を何の問題もせずにやり過ごしている生活態度（自然的態度とよぶ）から脱却することから始める。

　現象学以前の哲学は，「外部の客観的世界」の実在性については疑わず，外部の世界をいかに正確に知覚し，言語化し，認識しうるかを問題にしてきた。主観的な世界の外部に客観的世界があるのだと，素朴に信じていたのである。

　現象学では，この‘意識の外部に世界がある’，‘客観的世界が実在している’という思い込みを一時的に保留し，この確信がなぜ成り立っているのかを問い直そうとする。このように，現象学的思考の特質は，あらゆる先入見を排し，意識に直接現われたもの，直観されたものに対し，内在としての絶対性を認める点にある。

　住みかとしての見方は，外の世界と直面する自己完結した個人とは対照的に，存在のあり方が世界とは切り離されないという考えに基づく。現象学では，これを「世界・内・存在」とよぶ。同じように，住みかとしての景観では，「環境・内・行為者」，「世界・内・居住者」に注目する。私たちは環境と実践的に出会い，何らかの行為を成し遂げるための場所として，環境が私たちの前に現われると考える。住みかの考えと景観は，分割できない絡み合ったものと捉える。景観は，人間による身体化の側面から，すなわち，人間が世界の中で係わりながら行為を進行させる生成過程の側面から，最初に理解されなければならない。景観，すなわち，環境と居住の活動は，現象学的な全体，すなわち，全体として世界を形作る過程として，溶け合い分割できないものと捉えられる。

　住みかとしての景観の核心は，人間と景観間の関係が不可分であるという主張にある。景観は，そこに住んでいる人びとにとっては，知られている世界である。それは，世界の中での居住の日常プロジェクトから定義される。したがって，景観は，人間の有意義な実践が行われる既知の表現された環境ではなく，「関与すること」の環境として表される。景観は，行為を成し遂げる領域と文化的意味や象徴化の場所の根源になる。景観研究は，景観の表現の研究から，行為を成し遂げるための景観の研究へと進展してきたのである。研究の視点は，景観の素材や意味合いから，地球上での実践形式としての「景観化」という側面から景観を捉える，身体化された行為へと変わってきた。この種の研究の一例として，ウォーキングを通して主観的な景観を物語風に記述した研究を取り上げてみよう。

　コーンワル半島の中部に位置するデヴォン州クロベリーからハートランド・キーへの約17kmのワンデイ・ウォーキングの物語である（Wylie, 2005）。ウォーキングの体験の諸側面を通じ，文化地理学の観点から，景観，主観性，身体性を議論している。特に，パス（歩行者専用道路）のかなり荒々しい自然の中を，ひとりぼっちで，肉体的に過酷な状態で歩くコース（言い換えると，感情的，行為遂行的環境）の中で出現する，自己と景観の親近感と距離感といった関係を詳述している。このウォーキングは，イングランド南西部の半島を巡る‘南西海岸パス’の一部を利用しており，その中でも景観研究に最も関わる部分の記述を示す。

　“パスは，森の中から開けた場所に出た。草が崖を覆い，背後に灰色がかった青い海が見える。パスは，一方が垂直に落ちるくさび形の平らな土地に沿って通っている。さらに進むと，突然植物が密集し，パスは上下する波状の道になり，ねじれ，折れ曲がりながら深い峡谷を通過する。日常起こっているように，気が付いてみると私はその厚み（地球と身体の厚み）の中にいる。その厚みは，湿った灰色がかった緑のシダで覆われている（図8-5）。パスは細い泥だらけの綱のようである。自然物と一歩一歩触覚で関わりながら，脚と肺は全力を振り絞って活動している。景観は，急勾配の岩山を登る時の足掛かりの窪みになる。パスの歩行者は，このように，地球，土地，土，植物を近くで，視覚・触覚・聴覚を通して関係をもっていることに気付く。呼吸の音，リュックサック

図8-5　緑のシダで覆われた景観
出典：Wylie, 2005

が揺れる音は，もはや内側から発しない。言わば，それらは，意図された行為や努力の主張であり，移動を実現するための伴奏曲になる。まるで，自分と景観，主体と客体，の間にある前もって確立された境界が，ウォーキングという実践の従事と関与の中で，溶解し，浸透するかのようである”（Wylie, 2005, p.239）。

　これは，沿岸地域でのウォーキングのひとつの説明である。意図しない身体的状態の中で自己を忘れ，景観は異常なものとして注視するというよりも，そこに抱かれ（宿り），何らかの行為を成し遂げるために処理される。このような方向が，身体化された日常の住みかの環境として，景観を現象学的に理解することにつながる。

第9章　地誌学

第1節　地誌

　地誌とは，一言で言うと"地域の地理"を記述することである（Johnston, *et al.*, 1994, 510-513）。地域（一区画の地表面）を特徴づけるさまざまな地理的事象を取り上げ，地理用語や地理名称を用いて記述し，地域に関する地理的知識を伝えることを目指す。地誌の歴史を見ると，古代から現代まで，政治的な目的を担ってきた。たとえば，古代中国では，三国時代の蜀漢と西晋に仕えた官僚の陳寿は，『三国志』東夷伝の中の魏志倭人伝で，三世紀の日本列島にいた倭人の地理と習俗について書いている。それは優れた地誌になっているので，その中から対馬国に関する記述を見てみよう。

　"…それから初めて海を渡り（位置），一千里（距離）余りで対馬国（行政）に着く。この国では，大官を卑狗といい，副官を卑奴母離という（行政）。この国は孤島（地形）で，面積は四方四百里（面積）余りある。険しい山（地形）や森林（土地被覆）が多く，道路（交通）は禽や鹿の踏み分けた道のようである。千戸（集落）余りあるが，良田（産業）は無く，海産物（特産物）を食べて自活している（経済）が，船（交通）で南北の方へ（方角）米の買いだし（交易）に行く。"

　この部分は対馬国に関する記述で，カッコは地理的事象の記述を指摘するた

め，私が付けたものである。まず，位置，距離，方角，面積といった地理情報
がある。次は，地形と土地被覆の自然的事象である。最も多い記述は人文的事
象で，行政のほか，交通，集落，産業，特産物，経済，交易を取り上げ，地誌
の特徴を反映し，多角的な記述になっている。私は，短い文章（原文で90字）
で，よくこれだけ多くの地理的知識を盛り込み，対馬国を活写していることに
感銘する。これは，ひとつは，極度に簡潔な表現をとる漢文調によるものと考
えられる。また，記述するため取り上げられている地理的事象も，現代の地誌
に通じるものがある。

　もうひとつ八世紀に作成された出雲国風土記から，地域の地理に関する記述
を見てみよう（関根・高阪，2014）。風土記を作成した目的は，「日本」の歴
史書の編纂の中で，『日本書紀』が「紀」として国家の歴史書であったのに対し，
『風土記』は「志」として地理志を作成することにあった。官命では，1）郡
郷名には好字をつける，2）郡内の産物を録す，3）土地の地味の良否，4）山
川原野の由来，5）古老の相伝する旧聞異事，を史籍に記して言上することと
している。現存する五つの風土記の中で，出雲国風土記はほぼ完本であり，完
全な形で現在まで伝わっている。

　出雲国風土記の構成は，出雲国の総括記事，郡ごとの記述，出雲国の特別記
述（主要道路，駅路，軍団，烽など）である。記述の大部分は，郡ごとの記述
であり，出雲国を構成する9郡ごとに，①郡の総記，②郷の記述，③神社・寺院，
④山，山の産物，川，池，海，海の産物，崎，浜，島，⑤郡境路程，⑥郡司の
署名となっている。

　そこで，意宇郡の母理郷の記述を見てみよう。まず，意宇郡内には，母理郷
をはじめ合わせて郷が11，里が30，餘戸1，駅家3，神戸3あったことが記
されている。そして，それらの地名が列記されている。出雲国風土記が編纂さ
れた頃の行政区分は，国・郡・郷・里の制度に基づいている。出雲国には，役
所の国庁があり，代表者の役職は国司であるが，出雲国では以前の国造のまま
であった。その下の郡には，役所として郡家がある。郷は民戸50戸ごとのま
とまりであり，ほぼ3つの里で構成されることになっている。里のほかに餘

戸と神戸がある場合もある。なお，出雲国風土記には，里については数のみが記載されているだけで，詳細な記述はない。

母理郷の記述では，郡家より東南に 39 里 190 歩に位置し，"あめのしたつくらししおほかみ大穴持命（おほあなもちのみこと）が「越八口」を平げ賜ひて，還り坐しますとき，…。（郡家東南卅九里一百九十歩。所造天下大神大穴持命，越八口平賜而還坐時，来坐長江山而詔，我造坐而命國者，御皇孫命平世所知依奉。但，八雲立出雲國者，我静坐國。青垣山廻賜而，玉珍置賜而守，詔。故云文理）"。

次に，新造院を含め寺院が 4 か所，神祇官が居る神社が 48 か所，神祇官が居ない神社の 19 か所が列記されている。そして，6 つの山，1 つの野，9 つの川，2 つの池，1 つの浜，7 つの島，4 つの道が記されている。たとえば，山では，"長江山は，郡家より東南に 50 里に位置し，水晶を産する（長江山　郡家東南五十里。有水精）"。川では，"伯太川は，河川の源が仁多と意宇郡の 2 郡の境を出て，母理・楯縫・安来の 3 郷を経て，入海（宍道湖と中海）に入る。鮎やウグイが獲れる。（伯太川　源出仁多與意宇二郡堺葛野山，流経母理・楯縫・安来三郷，入々海。有年魚伊久比）"。

出雲国風土記は，数値記載が多いのが特色であり，郷や寺院，山などの位置を「郡家」からの方位と距離（里程）で示し，池や浜，島などの大きさを尺度によって表示している（荻原，1999）。このように，出雲国風土記の内容は，地誌の性格が強く，古代の行政単位ごとの地理的事象を再現する資料として貴重である。

第2節　地誌学の方法論

上記のような地誌は，国による「地域の地理」の記述であり，行政の上で地域の実状を把握することを目的とした。それに対し，地誌学は，地理学の一分野として，「地域の地理」を学問的に記述することを目指す。

古代ギリシャでは，現代の地誌学に関わる主要な概念がすでに論じられて

いた。ケノン（kenon）とは，すべての事物が存在している「空虚」を意味し，事物をその周囲から抽象化するときに到達できる。この概念は，「空間」を科学的，抽象的な概念として考えるときの基礎になった。古代ギリシャの哲学者プラトンによると，コラ（chora）とは，「空虚」の中での「生成」を示し，事物，生成，場所の3要素を含んでいる。トポス（topos）とは，コラと交互に用いられ，事象が生成された特定の「場所」を指す。その後，プラトンの弟子のアリストテレスは，国を記述するのに「コラ」を使用し，その中の特定の地域や場所を記述するのに「トポス」を用いた。

　この二つの概念は，今日コログラフィー（chorography）とトポグラフィー（topography）という地理的用語になっている。コログラフィーでは，地域的な範囲を理解するため，トポグラフィーでは，局地的な範囲を理解するため，観察に基づき，それぞれ「地域」と「場所」を記述する分野になっている（Cresswell, 2013, p.36）。トポグラフィー，コログラフィー，ジオグラフィーという三つの区分は，場所，地域，地球というスケールに基づいて，地表面を記述する学問分野としてとらえることができる（Curry, 2005）。地誌学では，「地域の地理」の記述を目指すので，まさしくコログラフィーに相当する。地誌学の英語は，regional geography であるが，chorography を使う場合もある。

　それでは地誌学は，地域をどのような形式で記述するのであろうか。古代ギリシャの地理学者ストラボンは，地図を用いて，地球をその部分，すなわち，地域の側面から記述した。既述のように（図1-2），世界の陸地は東西に長い形態になっており，ヨーロッパ大陸，アフリカ大陸（リビア），アラビア半島，アジア大陸，インド半島などが描かれている。このように空間的にみて「全体」と「部分」の関係に注目して地表面を記述することは，現在の地誌学においても踏襲されており，記述形式の一つになっている。たとえば，県の地誌を記述するのに，県（全体）を中央部とか南部とかの地区（部分）に分けて，個々の地区を記述することで，このような地区で成り立っている県を表現する。

　地誌学の記述形式のもう一つの特徴は，取り上げる事象の網羅性である。記述に当たっては，地域に生起している多くの事象を取り上げ，一定の記述順序

に従って記述する。一般に，自然が先で，人文は後である。地形，気候，植物，動物，人口，産業，交通，集落というような順番の地誌学的記述形式があるのである（長谷川，1994，12-13）。このように地誌学が事象を網羅的に取り上げるのは，地域の「全体性」を理解するためである。地域ごとに同じ項目を読み比べることで，地域間の比較が可能になるが，事象を網羅的に取り上げる地誌学は，静態的であるという批判を受けた（櫻井，2015，118-119）。

　地誌学の具体的な記述項目を，1938年に出版された『ケンブリッジ地域』（Darby，2013）という本から見てみよう。イギリスのケンブリッジ州という地域を，地質・地形，土壌，気候，植物，動物，遺跡，地名，集落，19世紀，農業，工業，成長といった章構成で記述している。取り上げる項目と順序には，多少の違いはあるが，上記の地誌学的記述形式と一致している。

　次に記述の内容を見てみよう。地質・地形ではケンブリッジ州の表層地質図，標高図，河川図が示され，北部はフェンランドとよばれる低湿地が占め，南部では中央部が低平な石灰岩地域で，南東部と南西部だけが粘土質土壌で覆われた標高60m以上の高地である。気候では，月平均気温・降水量・湿度・日照時間のグラフを掲載し，地域の気候の特徴を記述している。遺跡と集落の章では，青銅器時代，鉄器時代，ローマ帝国時代，アングロサクソン時代，そして近代の集落分布図を示し，ケンブリッジ州の集落変遷をまとめている。また，教区（行政区）の境界図や教会の使用石材ごとの分布図なども掲載されている。農業では，主要作物の小麦・大麦・オート麦・ジャガイモの作付面積の経年変化のグラフや，ジャガイモとテンサイの作付地の分布図，豚・羊・牛・馬の主要家畜数の経年変化のグラフを用いて，ケンブリッジ州の農業や畜産業を記述している。このように，地誌学では，自然から人文に至るさまざまな事象を網羅的に取り上げ，記述し説明することで，ケンブリッジ州という地域の全体性を理解する。言い換えると，地誌学的記述形式で取り上げる自然から人文に至る諸事象は，地域の全体像を捉えるのに重要な事象であると，地誌学では考えているのである。

　それでは，地域に生起する個別の事象を記述するだけで，地域の全体性を描

けるのであろうか。そこで地誌学における事象の説明の仕方を見てみよう。地誌学でよく用いる説明方法として，地域内の事象間の固有な組み合わせ，すなわち「相互関係性」を捉えることが行われる。たとえば，ケンブリッジ州の表層地質図で粘土質土壌の分布を見ると，州の東部と西部の二箇所に広く分布している。そして，林地の分布は，この粘土質土壌の分布と一致していることから，土壌と林地との間には相互関係性があり，粘土質土壌の養分を得て林地は成立していると説

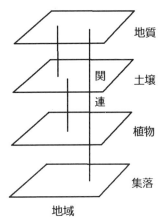

図 9-1　地域内の事象間の垂直的関連

明する。このように地誌学では，地図上で事象が'共に存在すること'を確認し，事象間の相互関係性に結び付ける。

　ケンブリッジの町の立地も，このような地域内の事象間の関係性から説明する。ケンブリッジの町は，南東に位置するイースト・アングリア地方と北西のミッドランド地方を結ぶ道路と，南西から北東に流れるケム川とが交差する場所に位置している。その場所は，石灰岩や砂礫層があり，ケム川を渡るための堅個な堤防を造ることができ，また建物建設に対し乾燥した土地を提供する。したがって，地質と集落立地との間には相互関係性があり，石灰岩や砂礫層といった表層地質は，堅固な地盤と高燥な土地を提供するので，町の立地につながったと説明するのである。

　図 9-1 は，地域内の事象間の関連を示している。地域内では，さまざまな事象を示すレイヤ（層）が幾重にも重なっており，事象間では垂直方向の関連が現れる。このような関連は，「垂直的関連」とよばれる（図 7-1 を参照）。地域内で生起する事象は，個々独立して存在しているのではなく，相互に関係し合い，ひとつの複合体を形成している。

第3節　地誌学と地理学の関係

　それでは地誌学は，地理学や科学の中でどのように位置付けられるのであろうか。アメリカの地理学者リチャード・ハーツホーン（1939）は，有名な著書『地理学方法論』において，地理学と地誌学を科学の中に位置付けた。図9-2に示すように，地理学と系統科学との関係を二つの交差する平面を用いて説明した。縦の平面は「系統科学の平面」で，気象学，土壌学，地質学，植物学，動物学，人類学，民族学，経済学，政治学，社会学など地理学を支援する系統科学である。横の平面は「地理学の平面」で，それぞれの系統科学に対応し，気候学，土壌地理学，地形学，植物地理学，動物地理学，人類地理学，民族地理学，経済地理学，政治地理学，社会地理学といった「系統地理学」が示されている。地誌学は，「地理学の平面」において，個々の系統地理学の研究成果を地域的に統合することで，地理学者による最高形式の研究として，その焦点に成立するこ

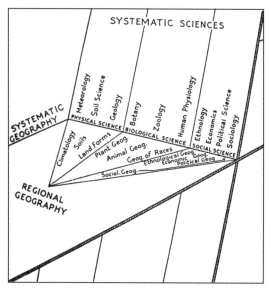

図 9-2　ハーツホーンの地理学の平面

とを，ハーツホーンは示した（高阪，2010，31-32）。

　ハーツホーンは，地誌学を地理学の核心に位置付け，系統地理学で成立した一般理論を援用して地域の事象を記述する，地理学者による最高形式の研究とした。地誌学の目標は，"現実の異なった分野の間で，'共に存在すること'と相互関係の理解を通して，地域の特徴を知ることである"とした（Hartshorne，1959，p.13）。この点は，上記の図9-1で表した垂直的関連から地域の特徴を明らかにすることと同じである。さらに彼は，地域がいかに独特なものであり，他の地域から異なるかを示すことで，「地域的　差　異」を記述することが地誌学であるとした。地域は，固有性，すなわち，それしかない独特なもので，さらに，特殊性，すなわち同種類のものと区別される特殊なものなので，固有性と特殊性をもつ地域を地域的差異として捉え，記述しようとしたのである。このことから，すべての地域は固有であり，地理学の一般法則といった一般化を追求することはない。したがって，彼の地誌学は，個別記載的な学問としたのである。

第4節　新地誌学

　20世紀前半のこのような地誌学に対して，1950年代・60年代に至り，古めかしく，あまりにも記述的であり，目的が欠如している，という批判が寄せられるようになった。さらに，あまりのも固有性を強調しすぎる，一般化がほとんど行われず，他地域への考察に応用できない，他の社会科学からの研究方法や手法を十分利用していない，取り上げる問題・テーマ・相互依存性が多すぎまた根拠のない選択をしている，研究目的として社会問題や社会現象の研究を目指す点が十分でない，というさまざまな批判が上がった。

　こうした批判は，従来の地誌学が事象の形態やパターンに注目するだけで，実証的な分析レベルを超えて事象の形成過程まで研究を掘り下げていなかったことによる。1980年代に至って，ポストモダニズムが吹き荒れ，地理学者は地域主義に対し再び新たな関心を示した。これは，場所に注目したローカリティ

図9-3　地域間の事象の関係的アプローチ

学派とよばれ，「新地誌学」に発展していった（Warf, 2010）。従来の地誌学では，地域をすでに存在するものとして仮定していたのに対し，新地誌学では，社会過程や社会科学研究者の分析から形成されるものと考え，地域がいかに形成されるかを明らかにすることを目指した。

　そこで，新地誌学の新たな見方のひとつとして，関係的アプローチを見てみよう。地域に対するこの新たな注目点は，領域的理解と関係的理解を含んでいることである。領域的理解とは，特定の事物（事象）が生起している有界の実体としての地域が，いかに形成されたかに注目する。これは，明確に特異化された実体としての従来の地域の考え方に近いものである。関係的理解では，他の地域との関係性を通じて，その地域を理解することが必要であると主張する（図9-3）。境界に注目するよりも，むしろ地域を構成する特別で示差的な流動の重要性に注目する。逆説的であるが，地域はそれ自身の事物とその外側の事物とで形成されているということを議論するのである（Cresswell, 2013, 73-75）。

　イギリスの南東地方を事例地域として取り上げてみよう。中心にはロンドンがあり，ヨーロッパ主要部に最も近い地域である。国内で最も豊かな地域として，一般には考えられている。しかし，南東地方の内部を見ると極めて大きな多様性がある。その地域は，ロンドン市の大富豪と首都及び周辺3州の活況を呈する不動産市場を含む一方で，ロンドンのイーストエンドの貧しく剥奪された地区も含む。世界都市がある一方，農村部も見られる。オックスフォードやケンブリッジのような中規模の町は，科学や先端技術の職場を提供する一方で，オックスフォードではいまだに自動車を製造している。このように見なされる地域では，内部は一様ではなく，広範囲に影響する新自由主義的資本主義の過程により，常に新たな不平等がもたらされている。

　内部的に多様性を示すことに加えて，地域は，固く閉じた地域という概念に
もかかわらず，内外からの流動によって形成され，画定される。南東地方には
海外からの移民や国内からの転入者，国内外からの旅行者がたくさん押し寄せ，
また去っていく。ロンドンは，グローバルな資本の流れにおいて世界の中で最
も重要な地域の一つになっている。国際金融産業の崩壊は，そこに勤める人
びとの仕事を一夜にして奪い，また今まで急上昇していた不動産価値を急落さ
せた。これは，南東地方に起こったことであるが，引き金は遠く離れたアメリ
カかどこかで起きたことによる。南東地方の金融部門は世界最大の一つなので，
そこで将来急落が起こった場合，世界のすべての地域に影響するかもしれない。
まさしく，南東地方は，世界とすっかり連結された状態にある。

　南東地方の内部的 差 異 （ディファレンティエーション）と外部的連結性（コネクティッドネス）は，地域に対する関係的ア
プローチを地理学者に開発させた。このアプローチは，社会的側面と空間的側
面を最初から一緒に思考する効果をもっている。さらに，空間と空間性（スペーシャリティ）は社会
的に構築されものであり，またその構築過程は絶えず発展していると認識する。

　この構築過程の連続性の認識は，時空間の側面から私たちを考えさせる。社
会関係に空間形態をどのように設定しても，ほかより長く続くが，一時的なも
のとなるであろう。ロンドンの支配力は，広く地方を傘下に置いたが，ミルト
ンキーンズの建設は，イギリスの少なくとも半分程度の地域に対し，空間性
の再組織化を刺激した。ハイテクの科学者とその妻の間での，就業と家庭の間
の境界についての協議は，週ごとに展開した。したがって，すべての空間的
造 形 （フィギュレイション）の本質的に備わった一時性（テンポラリティ）を知ることが少なくとも重要である。こ
の意味で，1980 年代の南東地方は，ほかとはまったく異なる時空間であった
(Allen, Massey and Cochrane, 1998, p.89, p.138, p.143)。

　このように地域は，固有で特異的なものである。しかし，そのような特徴は，
もって生まれたものではなく，社会的に作られたものなのである。さらに地域
は，境界をもつ（有界の）内向なものではなく，個々の地域を超越する不平等
のシステムの中へと，社会関係によって連結されている。地域は，より広い不
平等のシステムの生産と再生産に関わっている。

　このように見ると，地域の経済的，社会的，文化的な差異は，結果としての産物であるとともに，生産者でもある。したがって，地域は，存在しており，完全に形成され，見い出されるため世界の中で待っており，地図化され，計量化されるものとは，もはや見なされないのである。それは，あらゆる種類の社会的，文化的，経済的差異の構築において，活動的な過程の中にある。このように考えると，地誌学は，最終的産物を単に記述する学問から，地域という抽象的概念が経済的，文化的，社会的，そして自然的なものまでも含め成立する仕方を説明することに中心を置く学問へと変わる。

おわりに

　私が大学で地理学を学び始めたころ，一番悩んだのは，地理学とはしっかりした基礎をもった学問なのであろうかということであった。新宿の紀伊国屋書店に行って，地理学のコーナーを探したが，もちろんなかった。そのときから，マイナーな学問の地理学を学ぶという劣等感が，私に芽生えた。学部の三年生のとき，地理学科の図書室で，偶然にもピーター・ハゲットの計量地理学の本（Haggett, 1965）を見つけた。英語の辞書を引きながら，内容を訳したが，何について書いているのかさっぱりわからなかった。しかし，この一冊の出会いが，私のその後の人生を決めてしまった。

　今日，私に，若いときに抱いたあの劣等感はない。いつ頃，それが消えたのかと思い起こすと，21世紀に入ってGISが日本に普及し始めてからである。大学在職中に，GISの講演を頼まれ，多いときには月に二回ほど全国を飛び回った。講演の聴講者は，GISの研究者と技術者，公務員などで，工学，医学，農学，生物学，政治学，経済学，社会学などさまざまな学問分野の出身者であった。'私は地理学の出身で，今日皆様は「学問の母」に里帰りしたのです'（第2章第3節）と言うと，会場がどっと沸き拍手が起こったことがあった。地理学で育まれた空間処理・分析の自動化を目指したGISが，地表面とかかわる多くの学問分野でプラットフォームとして使われていることを実感し，劣等感は消えた。地理学が，それだけ発展したのである。

　私は，地理学の入門書を書いてみたいと長年思っていた。大学生が専門分野に進むに当たって読むような教科書である。この種の本として世界で評判の高い最近の教科書は，第1章で引用した人文地理学入門（Cloke, et al., 2014）である。入門書であるが。千頁を超え，本の厚さは4.8cm，重さは何と1kg

を超えている。このような重たい教科書を，英語圏の地理学を学ぶ大学生は，毎週大学まで持ち運んでいることと，入門書でこれほど大量な知識を学んでいることに驚嘆する限りである。

　本書は，このような大書ではないが，英語圏の地理学，特に人文地理学の基礎的な内容を取り込むことに努めた。各章の構成は，用語の基本的な意味に始まり，伝統的な思考を記した後に，新しい思考や応用を取り上げ，できるだけ平易に説明した。最初の二つは，初等中等教育で地理を教える教員や，高校生をはじめとした地理に興味をもつ方々にも読んでいただきたい内容である。五つの研究テーマは，最初は研究者が言い出したことであるが，今日では，初等中等教育の地理に導入されようとしている。ここで示されている思考を敷衍することで，教育内容や知識をさらに豊かにすることができるであろう。最後の部分は，各テーマにおける研究の最前線を紹介し，大学院生や研究者の方々に読んでいただきたい内容であると同時に，さらなる展開を試みることが望まれる。

　本書で一番伝えたいことは，人文地理学が，「社会と空間の関係」から「世界」を記述する学問である（第1章第1節）点である。うまく伝えることができたかわからないが，たとえば，最近の人口地理学（人文地理学の一分野）の教科書では，人口の世界を，人口と空間の関係を特に意識して，すなわち，人口を空間的に記述している（Barcus and Halfacree, 2017）。したがって，同じ人口を対象にしても，人口地理学は，人口学，人口統計学，人口歴史学などと異なる明確な視点をもっている。

　二番目に伝えたいことは，地理空間データの重要性である（第2章第3節）。地表面に生起しているすべての事象は，このデータなくしては記述できない。地理学者は，この種のデータを利用してきたが，GISが出現する前は，このように重要なデータであることに気づかなかった。今日では，地理空間データが日々の生活の中に深く入り込んでいる。たとえば，自動車を運転するとき，多くの人びとは，カーナビゲーションを使用するであろう。カーナビゲーションは，地理空間データベースを利用しており，人工知能（AI）で最適経路を探

索する。同じことが，ロボットについても言え，センサーが地理空間データを直接参照して，自律的に行動する。今までは，人が地理空間データを分析していたが，今では，機械が地理空間データを直接参照して，自動車の流れ（人の行動）を制御したり（今井ほか，2025），掃除をしたり（お掃除ロボット）するのである。機械が人間の上に立つような場合がある時代が到来している。

　地理学は，今や技術の最先端と直接かかわる学問に発展している。私も，大学を定年退職した後は，地理空間データとAIを使って，店舗立地点評価の自動化に取り組んでいる。卒業生の就職先は，今までは，地理教育と地図会社ぐらいしか専門を活かせなかったが，今日では，GIS企業のほかに，航空測量，デジタル地図，カーナビ，国家・地方の公務員，道路・ガスなどのライフラインなどで，広い意味での情報産業で技術者として活躍している。

　本書を通じて，一人でも多くの人びとが地理学の独特な思考を学んでほしいと思う。

参考文献

はじめに

Peet, R. 1998. *Modern Geographical Thought*. Blackwell, Oxford.

Henderson, G. and Waterstone, M. eds. 2009. *Geographic Thought: A Praxis Perspective*. Routledge, New York.

Nayak, A. and Jeffrey, A. 2011. *Geographical Thought: An Introduction to Ideas in Human Geography*. Pearson Education, Harlow.

Cresswell, T. 2013. *Geographic Thought: A Critical Introduction*. Wiley, Chichester.

Warf, B. 2010. *Encyclopedia of Geography: 6 Volume Set*. Sage, London.

Richardson, D. 2017. *The International Encyclopedia of Geography: 15 Volume Set*. Wiley-Blackwell, Chichester.

Kitchin, R. and Thrift, N. 2019. *International Encyclopedia of Human Geography, 2nd Edition: 12 Volume Set*. Elsevier.

第1章

樺山紘一 2006. 『地中海：人と町の肖像』岩波書店.

若林幹夫 2009. 『地図の想像力』河出文庫.

Cloke, P., Crang, P. and Goodwin, M. eds. 2014. *Introducing Human Geographies: Third Edition*. Routledge, London.

Martin, G. J. and James, P. E. 1993. *All Possible Worlds: A History of Geographical Ideas, Third Edition*. Wiley, New York.

高阪宏行 2008. 地理学とはどんな学問だろうか. 日本大学地理学科80周年記念会編『仕事が見える地理学』古今書院, 105-111.

Hartshorne, R. 1959. *Perspective on the Nature of Geography*. Rand McNally, Chicago. ハーツホーン, R. 著／山岡政喜訳 1975. 『地理学の本質』古今書院.

第 2 章

Goodchild, M. F. 2003. The nature and value of geographic Information. In *Foundations of Geographic Information Science*, eds. Duckham, M., Goodchild, M. F. and Worboys, M. F. Taylor & Francis, London, 19-31.

地理情報システム学会教育委員会編 2021. 『地理空間情報を活かす授業のための GIS 教材 改訂版』古今書院.

マンションくらし研究所 2021. 「東京 23 区 住民税ランキング」 https://mansionmarket-lab.com/tokyo-inhabitant-tax

高阪宏行 2008. 地理学とはどんな学問だろうか. 日本大学地理学科 80 周年記念会 編『仕事が見える地理学』古今書院, 105-111.

Longley, P., Goodchild, M., Maguire, D. and Rhind, D. 2001. *Geographic Information Systems and Science*. Wiley, Chichester.

Fotheringham, A. S., Brunsdon, C. and Charlton, M. 2000. *Quantitative Geography: Perspectives on Spatial Data Analysis*. Sage, London.

高阪宏行 2005. これからの GIS. 村山祐司編『地理情報システム』朝倉書店, 184-201.

第 3 章

Forer, P. 1978. A place for plastic space?. *Progress in Human Geography*, 2-2, 230-267.

Warf, B. 2010a. Absolute space. In Warf, B. ed. *Encyclopedia of Geography 1*, Sage, London, 2-3.

カール ポラニー著／野口建彦・栖原 学訳 2009. 『新訳 大転換：市場社会の形成と崩壊』東洋経済新報社.

Warf, B. 2010b. Reative/relational space. In Warf, B. ed. *Encyclopedia of Geography 5*, Sage, London, 2402-2405.

森田桐郎 1976. 『経済学批判要綱』における世界市場論. 關西大學經濟論集, 26-2, 89-111.

Harvey, D. 2006. *Spaces of Global Capitalism: A Theory of Uneven Geographical Development*. Verso, London.

アンソニー・ギデンズ著／松尾精文・小幡正敏訳 1993. 『近代とはいかなる時代か？ －モダニティの帰結』而立書房.

イーフー・トゥアン著／山本 浩訳 2019.『空間の経験：身体から都市へ』ちくま学芸文庫.

野尻 亘 2015. アクター・ネットワーク理論と経済地理学. 桃山学院大学経済経営論集, 57-2, 1-43.

Mordoch, J. 2006. *Post-Structuralist Geography: A Guide to Relational Space*. Sage, London.

デヴィッド・ハーヴェイ著／吉原直樹監訳／和泉 浩・大塚彩美訳 2022.『ポストモダニティの条件』ちくま学芸文庫.

ドリーン・マッシ―著／森 正人・伊澤高志訳 2018.『空間のために』月曜社.

McQuire, S. 2008. *The Media City: Media, Architecture and Urban Space*. Sage, London.

de Waal, M. 2014. *The City as Interface: How New Media Are Changing the City*. Rotterdam: nai010 Publishers.

Jordan, S. 2015. Writing the smart city: "relational space" and the concept of "belonging". *Writing in Practice: the Journal of Creative Writing Research*, 1.

第 4 章

松尾容孝 2014. 今日の人文地理学：Tim Cresswell の近業に沿って. 専修人文論集, 95, 183-206.

Cresswell, T. 2019. *Maxwell Street: Writing and Thinking Place*. University of Chicago Press, Chicago.

Cresswell, T. 2014a. Place. In Cloke, P., Crang, P. and Goodwin, M. eds. *Introducing Human Geographies: Third Edition*. Routledge, London, 249-261.

イーフー・トゥアン著／山本 浩訳 2019.『空間の経験：身体から都市へ』ちくま文芸文庫.

Agnew, J. A. 1987. *Place and Politics: The Geographical Mediation of State and Society*. Allen and Unwin, Boston.

Cresswell, T. 2014b. Place. In Lee, R. *et al*., eds. *The SAGE Handbook of Human Geography: Volume1*. Sage, London, 3-21.

エドワード・レルフ著／高野岳彦・阿部 隆・石山美也子訳 2021.『場所の現象学：没場所性を越えて』ちくま文芸文庫.

New York Times, 2011 年 10 月 15 日.

Hartshorne, R. 1939. *The Nature of Geography: A Critical Survey of Current Thought in the Light of the Past*. The Association of American Geographers, Lancaster, PA. ハーツホーン, R. 著／野村正七訳 1957. 『地理学方法論』朝倉書店.

Casey, E. 1996. How to get from space to place in a fairly short stretch of time. In Feld, S. and Baso, K. C. eds. *Sence of Place*. School of American Research, Santa Fe, NM, 14-51.

Willard Motley Papers. Chicago Public Library.

マヌエル・デランダ著／篠原雅武訳 2015. 『社会の新たな哲学：集合体，潜在性，創発』人文書院.

Sun Times, 1951 年 5 月 24 日.

Massey, D. 1993. Power-geometry and progressive sense of place. In Bird, J. *et al.*, eds. *Mapping the Futures: Local Cultures, Global Change*. Routledge, London.

マルク・オジェ著／中川真知子訳. 2017. 『非 - 場所：スーパーモダニティの人類学に向けて』水声社.

Spinney, J. 2007. Cycling the City: Non-Place and the sensory construction of meaning in a mobile practice. In Horton, D., Rosen, P. and Cox, P., eds. *Cycling and Society*. Aldershot, Ashgate, 25-46.

メリマン, P. 2015. ドライブの場所：マルク・オジェ，非 - 場所，イギリスの M1 高速道路の地理. フェザーストン M., スリフト N. ほか編著／近森高明訳. 『自動車と移動の社会学：オートモビリティーズ』法政大学出版局，229-262.

金子 淳 2019. 博物館における場所性とオーセンティシティ. 桜美林論考人文研究, 10, 67-80.

第 5 章

高阪宏行 1986. 『地域経済分析：空間的効率性と平等性』高文堂出版社.

Montello, D. R. 2003. Regions in geography: Process and Content. In Duckham, M., Goodchild, M. F. and Worboys M. F. eds. *Foundations of Geographic Information Science*. Taylor, London, 173-189.

Cresswell, T. 2013. *Geographic Thought: A Critical Introduction*. Wiley, Chichester.

樺山紘一 2006. 『地中海：人と町の肖像』岩波書店.

稲垣保弘 2010. 組織の二面性. 経営志林, 47-2, 49-59.

アーサー・ケストラー 著／日高敏隆：長野 敬訳 1969. 『機械の中の幽霊』ペリカン社.

Amin, A. 2004. Regions unbound: Towards a new politics of place. *Geografiska Annaler*, 86-1, 33-44.

金本良嗣・徳岡一幸 2002. 日本の都市圏設定基準. *応用地域学研究*, 7, 1-15.

関根智子・古川翔一・高阪宏行 2016. 河川の集水域と神話の伝承：出雲のヤマタノオロチ神話を事例として. *日本大学文理学部情報科学研究所年次研究報告書*, 第15号, 1-9.

呉市.「第1章 呉市の被害状況」

https://www.city.kure.lg.jp/uploaded/attachment/37722.pdf

第6章

Rodrigue, J. P. 2020. *The Geography of Transport Systems, Fifth Edition*. Routledge, New York.

関根智子 2018. GIS による近接性研究の進展. *E-journal GEO,* 13-1, 101-108.

Gudmundsson, J., Laube, P. and Wolle, T. 2012 Computational movement analysis. In Kresse, W. and Danko, M. eds. *Handbook of Geographic Information*. Springer, Berlin, 725-741.

Malek, M. R., Frank, A. U. and Delavar, M. R. 2007. A logic-based foundation for spatial relaionships in mobile GIS environment. In Gartner, G., Cartwright, W. and Peterson, M. P. eds. *Location Based Services and TeleCartography*. Springer, Berlin, 193-204.

Zentai, L. and Guszlev, A. 2007. Spatial tracking in sport. In Gartner, G., Cartwright, W. and Peterson, M. P. eds. *Location Based Services and TeleCartography*. Springer, Berlin, 593-605.

日本道路情報交通センター. https://www.jartic.or.jp/service/opendata/. 2021 年 11 月閲覧.

Cook, S. 2018. Geographies of Mobility: A Brief Introduction.

http://www.openaccess.bcu.ac.uk/6787/1/Geographies%20of%20Mobility%20%20 prerpint.pdf

Adey, P. 2014. Mobilities: Politics, practices, places. In Cloke, P., Crang, P. and Goodwin, M. eds. *Introducing Human Geographies: Third Edition*. Routledge, London, 791-805.

IPCC. 2022.「政策担当者向け概要」国連・気候変動に関する政府間パネル（IPCC）」

第 3 作業部会報告書.

経済産業省『温室効果ガス排出の現状等』
　https://www.meti.go.jp/shingikai/sankoshin/sangyo_gijutsu/chikyu_kankyo/
　ondanka_wg/pdf/003_03_00.pdf

関根智子 2008. 近接性と持続可能な都市. 日本大学地理学科 80 周年記念会編,『仕
　事が見える地理学』古今書院, 73-83.

野嶋慎二 2010. 英国オックスフォード市におけるセンターの階層化の計画と実態に
　関する研究. 日本都市計画学会都市計画論文集, 45-3, 193-198.

加藤　舞 2022. 飛行機に乗るのはもはや「恥」なのか？ 世界に広がる脱炭素の
　波, 日系エアラインが心血を注ぐ CO_2 削減対策とは. https://merkmal-biz.jp/
　post/22742

第 7 章

Castree, N. 2011. Nature and Society. In Agnew, J. A. and Livingstone, D. N. eds.
　Geographical Knowledge. Sage, London, 287-299.

松田　信 1959. フランス学派の地域観. 人文地理, 10-5・6, 427-434.

高阪宏行 2008. 地理学とはどんな学問だろうか. 日本大学地理学科 80 周年記念会編,
　『仕事が見える地理学』古今書院, 105-111.

ビル・マッキベン著／森　裕司訳. 1995. 自然の終焉. 開文社出版.

Smith, N. 1984. *Uneven Development: Nature, Capital and the Production of Space*.
　Basil Blackwell, Oxford.

Blaikie, P. and Brookfield, H. 1987. *Land Degradation and Society*. Methuen, London.

高阪宏行 2000. GIS を利用した火砕流の被害予測と避難・救援計画－浅間山南斜面
　を事例として－. 地理学評論, 73-6, 483-497.

高阪宏行 2019. 「洪水ハザードマップと被災地区が重なった千曲川、避難所の適正
　配置には課題も」政治山, 記事, 2019 年 12 月 18 日.

Labban, M. 2008. *Space, Oil and Capital*. Routledge, New York.

Braun, B. 1997. Buried epistemologies. *Annals of Association of American Geograpers*.
　87, 3-31.

森　正人 2021. 『文化地理学講義－〈地理〉の誕生からポスト人間中心主義へ－』
　新曜社.

Whatmore, S. 2002. *Hybrid Geographies: Nature, Cultures, Spaces*. Sage, London.

淺野敏久・中島弘二編 2013.『自然の社会地理』海青社.

中島弘二 2013. 自然.『人文地理学事典』丸善出版, 116-117.

Whatmore, S. 2014. Nature and human geography. In Cloke, P., Crang, P. and Goodwin, M. eds. *Introducing Human Geographies: Third Edition*. Routledge, London, 152-162.

第8章

Gray, M. 2014. Lanscape: The physical layer. In Clifford, M. J., *et al.*, eds. *Key Concepts in Geography: Second Edition*. Sage, London, 265-285.

Wylie, J. 2011, Landscape. In Agnew, J. A. and Livingstone, D. N., eds. *Geographical Knowledge*. Ssge, London, 300-315.

Sauer, C. O. 1963. The morphology of landscape. In Sauer, C. ed. *Land and Life*. University of California Press, Berkeley, 315-351.

Johnston, R. J. *et al.*, 1994. *The Dictionary of Human Geography: Third Edition*. Blackwell, Oxford.

三浦　修 2014. 砺波平野における屋敷林の呼称「カイニョ」の語源について－地理学の垣内と歴史学の垣根. 季刊地理学, 65, 222-227.

Jackson, J. B. 1989. *Maps of Meaning: An Introduction of Cultural Geography*. Unwin Hyman, London.

Black, I. S. 2010. Analysing historical and archival sources. In Clifford, N., Frenchi, S. and Valentine, G. eds. *Key Methods in Geography, Second Edition*. Sage, London, 466-484.

大畑裕嗣 2021. 誰が何を「厚く」記述するか－ライルとギアーツの「厚い記述」－. 現代社会学理論研究, 15, 60-71.

Wylie, J. 2005. A single day's walking: narrating self and landscape on South West Coast Path. *Transactions of the Institute of British Geographers*, 30, 234-247.

第9章

Johnston, R. J. *et al.*, 1994. *The Dictionary of Human Geography; Third Edition*. Blackwell, Oxford.

関根智子・高阪宏行 2014. GISによる『出雲国風土記』の古地理の再現. 日本大学文理学部情報科学研究所年次研究報告書, 第14号, 19-27.

荻原千鶴 1999.『出雲国風土記』講談社学術文庫.

Cresswell, T. 2013. *Geographic Thought: A Critical Introduction*. Wiley, Chichester.

Curry, M. R. 2005. Toward a geography of a world without maps: lessons from Ptolemy and postal codes, *Annals of the American Geographers*, 95, 680-691.

長谷川典夫 1994.『地誌学研究』大明堂.

櫻井明久 2015. 地誌.『人文地理学事典』丸善出版, 118-119.

Darby, H. C. 2013. *The Cambridge Region: First Paperback Edition*. Cambridge University Press, Cambridge.

Hartshorne, R. 1939. *The Nature of Geography: A Critical Survey of Current Thought in the Light of the Past*. The Association of American Geographers, Lancaster, PA. ハーツホーン, R. 著／野村正七訳 1957.『地理学方法論』朝倉書店.

高阪宏行 2010. デジタル微細地誌の一つの試論：東京都豊島区大塚を事例として. 日本大学文理学部情報科学研究所年次研究報告書, 第10号, 31-39.

Hartshorne, R. 1959. *Perspective on the Nature of Geography*. Rand McNally, Chicago. ハーツホーン, R. 著／山岡政喜訳 1975.『地理学の本質』古今書院.

Warf, B. 2010. Regional geography. In Warf, B. ed. *Encyclopedia of Geography 5*, Sage, London, 2386-2389.

Allen, J., Massey, D. B. and Cochrane, A. 1998. *Rethinking the Region: Space of Neo-Liberalism*. Routledge, London.

おわりに

Haggett, P. 1965. *Locational Analysis in Human Geography*. Edward Arnold, London. ピーター・ハゲット, 野間三郎監訳／梶川勇作訳. 1976.『立地分析　上巻・下巻』大明堂.

Cloke, P., Crang, P. and Goodwin, M. eds. 2014. *Introducing Human Geographies: Third Edition*. Routledge, London.

Barcus, H.R. and Halfacree, K. 2017. *An Introduction to Population Geographies: Lives across Space*. Routledge, London.

今井　修・角本　繁・碓井照子・高阪宏行 2025（予定）. 地理情報システム学会の歴史と特筆すべき事項. 日本地理学会百年史編集委員会編『日本の地理学の百年（仮題）』古今書院.

索　引（人名）

索　引（地名）

索　引 （事項）

154

156

162

164

著 者 略 歴

高阪 宏行（こうさか ひろゆき）
　1947 年生まれ。東京教育大学（現筑波大学）大学院博士課程修了（理学博士）。
　現在，ジオリーテイル株式会社代表取締役，日本大学名誉教授，日本地理学会
　名誉会員。
　専門は，小売地理学・GIS
　著書：『ジオビジネス：GIS による小売店の立地評価と集客予測』（古今書院，
　2014 年），『地理情報技術ハンドブック』（朝倉書店，2002 年）など。

書 名	**地理学の思考**－位置，空間，場所，移動，自然と社会－
コード	ISBN978-4-7722-5350-5　C3025
発行日	2024 年 3 月 25 日　初版第 1 刷発行
著 者	**高阪 宏行** Copyright　©2024 KOHSAKA Hiroyuki
発行者	株式会社古今書院　橋本寿資
印刷所	株式会社太平印刷社
発行所	**株式会社古今書院** 〒 113-0021　東京都文京区本駒込 5-16-3
電 話	03-5834-2874
F A X	03-5834-2875
U R L	https://www.kokon.co.jp/
	検印省略・Printed in Japan